5

印象北海

一带一路百城记·海洋新知科普丛书

『十三五』国家重点出版物出版规划项目

陶 红亮 主编

冰河插画 李伟 绘画

海洋出版社

图书在版编目（CIP）数据

印象北海 / 陶红亮主编；李伟绘画 . —北京：海洋出版社，2018.5（2025 年 1 月重印）
（一带一路百城记 . 海洋新知科普丛书）
ISBN 978-7-5210-0080-1

Ⅰ . ①印… Ⅱ . ①陶… ②李… Ⅲ . ①北海市 – 概况 Ⅳ . ① K926.73

中国版本图书馆 CIP 数据核字（2018）第 069874 号

印象北海

总 策 划	刘 斌	发 行 部	（010）62100090
策划编辑	刘 斌	总 编 室	（010）62100034
责任印制	安 淼	网 址	www.oceanpress.com.cn
排 版	童 虎 • 设计室	承 印	侨友印刷（河北）有限公司
		版 次	2018 年 5 月第 1 版
出版发行	海洋出版社		2025 年 1 月第 2 次印刷
		开 本	787mm×1092mm 1/16
地 址	北京市海淀区大慧寺路 8 号	印 张	11
	100081	字 数	264 千字
经 销	新华书店	定 价	72.00 元

本书如有印、装质量问题可与发行部调换

2000 多年前，一群商人赶着骆驼从西安出发，一路向西，最远抵达地中海；同时，在广东的徐闻港，商人们先祭拜海神，随后扬帆出海。后来，人们将这些连接东西方的通道统称为"丝绸之路"。通过丝绸之路，中国的文明之风吹向世界各地。2000 多年后，习近平总书记提出"一带一路"倡议，即共建丝绸之路经济带和 21 世纪海上丝绸之路，旨在"借用古代丝绸之路的历史符号，高举和平发展的旗帜，积极发展与沿线国家的经济合作伙伴关系，共同打造政治互信、经济融合、文化包容的利益共同体、命运共同体和责任共同体"。

千百年来，中国秉持"和平合作，开放包容，互学互鉴，互利共赢"的理念，和丝绸之路沿线国家进行平等的经济、文化交流。比如：明朝航海家郑和率领当时世界最大的远洋船队先后七下西洋，航迹遍布亚非，除了带去精美的手工制品外，还将先进的中华文化远播海外。

古代丝绸之路不仅推动了沿线各国的经济发展，还将中华文化带到了异国他乡。欧洲各国的贵族曾将中国瓷器视为外交礼品，阿拉伯国家的工匠结合中国瓷器工艺制造出了波斯瓷器。日本掀起过一股"弘仁茶风"，贵族将模仿中国人品茶视为一种风尚。无数西方人前往中国，泉州就曾因"南海蕃舶"常到，出现了"市井十洲人"的盛况。

如今，丝绸之路上不再有载满货物的骆驼。取而代之的，是丝绸之路经济带纵横交错的铁路网，

以及21世纪海上丝绸之路上络绎不绝的集装箱货轮。古代丝绸之路的先行者早已作古，秉承先人精神的建设者们正在发挥自己的光和热。

"一带一路"倡议自提出后，就受到沿线国家的高度赞扬和支持。在经济全球化的今天，"一带一路"不仅赋予了古代丝绸之路新的内涵，还为沿线各国提供了新的机遇。

为了使人们更加深刻地理解丝路精神，我们组织相关学者共同编写了这套《一带一路百城记》。以优美的文字和水彩绘画结合的形式，艺术化地展现"一带一路"节点城市及所在国家和地区与丝绸之路相关的方方面面，包括丝路遗迹、风景名胜、文化历史、风俗习惯、物产资源等，形成对"一带一路"的完整展示，最终实现一部"唯美的一带一路静态影片"。

希望读者在阅读完这套书后，能够更深刻理解"一带一路"的意涵，对"一带一路"沿线城市有更多的感性认识，不再将其看作一个遥远的符号。

无处不在的海韵情味

北海，从它的名字上人们便能知道，这是个与海结缘的城市。

北海的美来自大自然的精雕细琢，是北海银滩细软的白沙，鳄鱼山公园千奇百怪的海蚀地貌，五彩滩色彩斑斓的岩石；是斜阳岛的漫天繁星，山口红树林的绿色海洋，石螺口海滩的海上日出。这里的一切都富有海洋气息，即使是珠海路，这个极具生活气息的商业街，人们也能发现沙虫、虾米、鱼干等海货，寻找到贩卖鱼钩、渔灯、风帆布等渔民用品的店铺。

北海的文化也与海洋有关。北海人十分信奉海神龙母，民间流传着很多关于龙母的传说。每到龙母诞时，北海人便会去外沙岛的龙母庙进香朝拜。龙母诞那天，当地还会举行游戏活动，穿着盛装的疍家妇女，打着腰鼓，扭着秧歌，一脸喜气。古时，以"舟楫为家，捕鱼为业"的疍家连婚礼都要"以船代轿"，据说是因为常年生活在船上，新娘不晕船反而"晕轿"。

北海的美食也像它的风景和文化，离不开海洋的滋养。作为中国四大渔场之一，北海盛产的海产品种类极多。北海人自豪地说，北海的海鲜一年四季不重样。又因为周围海域没有工业污染，所以这里的海鲜极其鲜美。到底有多鲜呢？有人曾这样评价："在北海的餐馆里吃鱼，就像自己刚刚从海里捞了一条鱼一样。"

北海并不是旅游城市，市内那些可见岁月斑驳

的老房子、建筑中的高楼、北部湾上跳广场舞的老人们，或许会给刚刚来到北海的人留下这样一个印象：这是一个平凡、会让人产生一种安心感的城市。

然而，在这里待上一段时间，北海的魅力就会逐渐显现出来。不仅是景致，还有海鲜市场里豪爽的小贩们，去疍家新娘面前讨糖吃的孩子们，对贝雕艺术颇有研究的老人们，以及一边品尝时鲜沙虫一边聊天的年轻人，都能让人感觉到北海这座海滨城市的美好。

人海茫茫，能与北海邂逅，是一件多么幸运的事情。

第一章　北海与海上丝绸之路的渊源

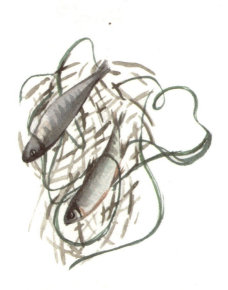

第二章 品味北海，最旖旎的风情

第三章 走进北海，遇见最美丽的景色

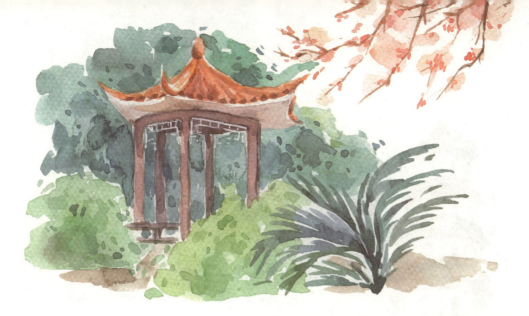

第四章 人杰地灵，北海名人备忘录

第五章　物华天宝，富饶的滨海之城

第六章　寻味北海，海洋的味道

第一章
北海与海上丝绸之路的渊源

北海，或许一听到这个名字，人们就会明白它与海洋的联系有多紧密。

古时，北部湾丰富的海洋资源养育了最初的北海人。而后，汉朝皇帝将合浦港选为海上丝绸之路的始发港之一，无数的北海人扬帆出海，去未知的大陆探险。

清朝末年，这里又因绝佳的地理位置被迫成了对外通商口岸。而现在，北海又依托港口优势不断地向前发展。

合浦港，海上丝绸之路上的重要港口

北海人与海洋有极深的渊源。约4000年前，北海市合浦地区就已经有人从事"半渔猎，半农耕"的生产活动。到了西周，这些合浦人"以舟为车，以楫为马"，开始航海活动。

他们带着家乡的特产，扬帆起航，去拜访东南亚、西亚国家的百姓。据记载，当时合浦与南洋有密切的贸易往来，而叶裳国（今越南中部）向中国皇朝进贡及进行贸易活动均通过合浦港并辗转各水道抵达中原。

到了秦朝，为了解决秦军转运粮草的问题，秦始皇下令在广西兴安县的湘水与漓水间开凿一条灵渠，打通长江和珠江水系的交通。此后，人们可以由北流江经小段陆路进入南流江，然后经合浦港出海通交趾。

到了汉代，合浦的对外贸易进入了一个新时期。据记载，当时在合浦港中已经可以看到较大吨位的船只。那个时候，东南亚的朝贡者和商人经过合浦港，沿着南流江水路直达中原，而中原的货物则沿着南流江，经过合浦港源源不断地运往外国。合浦港逐渐成为中国对外贸易的重要港口。

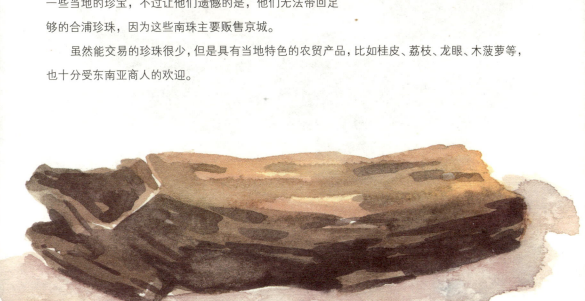

如果说秦汉时期的"丝绸之路"还带有浓厚的官方馈赠性质，比如，用中国的丝织品交换东南亚国家的玛瑙、琥珀等珍宝，那么唐宋时期的"丝绸之路"则带有浓厚的商贸气息。

唐宋时期，东南亚的商贾带着本国的珍宝来到合浦港时，一般会在此停留一段时间。一方面是为自己的船舶提供补给，另一方面是为了与当地百姓进行交易。

据记载，合浦人十分喜爱东南亚商人带过来的苏合油、光香、金银、朱砂、沉香、檀香、犀角等商品。而这些外国商人也会在合浦买一些当地的珍宝，不过让他们遗憾的是，他们无法带回足够的合浦珍珠，因为这些南珠主要贩售京城。

虽然能交易的珍珠很少，但是具有当地特色的农贸产品，比如桂皮、荔枝、龙眼、木菠萝等，也十分受东南亚商人的欢迎。

　　到了明朝，随着船只的变大、航线的延长，很多大船不需要经过合浦港就可以直接抵达广州、泉州等更为靠近中原的港口，合浦港的地位逐渐降低。特别是到了明朝中叶，合浦港所依托的水域——南流江水域出了问题后，人们便将目光转向合浦港的子港口——北海港。不过因为合浦地区繁荣的珍珠贸易和漕盐业，所以在明朝末年，合浦港还算是比较繁华的港口。

　　然而到了清朝，合浦沿海各港口因淤塞被逐渐弃用，北海的主要港口移至北海港。1876年，《烟台条约》签订，北海港成了对外通商口岸。至此，北海港正式取代了合浦港。如今，人们也只能从繁忙的北海港身上想象合浦港当年的繁华景象了。

北海港曲折的对外开放历史

北海港自古便是合浦的主要门户，交通便利。在明嘉靖中期，就已经和今越南沿海港口开辟了不定期的交通航线，商贸往来频繁。1851年太平天国运动爆发后，西江航运受阻，梧州港因战事中断通商，原来的"西南地区——广西梧州——珠三角地区"的珠江水路贸易路线被"西南地区——广西北海——珠三角地区"的海陆联运贸易路线取代，北海港的商业贸易因此大为兴旺，逐渐成为我国西南地区重要出海口。

历史上，北海港曾经有两次对外开放的经历。光绪二年（1876年），英国借口所谓的"马嘉理事件"，强迫清政府签订了不平等条约——《烟台条约》。在这个条约中，英国殖民者要求清政府将北海港开辟为通商口岸。

其实，英国殖民者之所以将北海港选为通商口岸是有原因的，清朝的文献学家刘锦藻在《清续文献通考》中说："光绪二年，中英《烟台条约》开合浦县之北海港为商埠。臣谨案：廉州府南滨巨海、北毗桂邕，为二省之藩篱，扼五省之门户。广西无海口，近邻廉郡殊便委输。自北海开埠后，滇、黔、桂三省货物咸出入于此。"

于是，当《烟台条约》签订之后，英国殖民者就迫不及待地来到北海，在此地设立海关、领事馆。而后，德、葡、法、日、美等国也相继在北海设立了领事府、洋行、教会、医院、学校等，北海逐渐变成了半殖民地半封建社会。

　　北海港成为通商口岸后，北海的对外贸易在原有基础上得到了很大发展。据记载，在北海开埠的十年间，北海的对外贸易增长了近7倍。1889年前后，英、法、德等国的商人还在这里开辟了多条轮船航线。他们从北海港出发，载着从中国搜刮来的农产品和工业原料，驶向香港、海口、广州、汕头、上海、海防、新加坡、基隆等地。

　　当时北海港成了中国西南地区最大的国际贸易港，港口中停泊着大大小小的船只，风帆蔽日。然而，这样的情景并不意味着繁荣。北海的西方侵略者不但随意倾销商品，用廉价商品打击中国本土商人，还大肆掠夺大量的原料，给北海人民带来了沉重的灾难。当时在北海港停泊的船只越多，代表北海人遭受的苦难越多。

如果说第一次对外开放是在丧失主权下的不平等交易，那么第二次对外开放就是在人民当家作主之后的脱贫之举。20 世纪 80 年代中期，为了进一步加快西南地区经济发展，党中央和国务院决定将北海选为对外开放城市。同时，考虑到北海基础差、底子薄，中央还给予北海比其他沿海开放城市更优惠的政策支持。

从此，北海港迎来了新的篇章。船舶从这里起航，驶向世界各地。据统计，北海与近100 个国家和地区有贸易往来。北海港中的船只越来越多，但是与第一次对外开放不同的是，船只上都是满怀希望的北海人。

也许游客并不了解中央的政策，也不知道北海在近二十年发生了翻天覆地的变化，但是只要来到北海港，看到港口中停泊着的成百上千的船只，以及渔民和工人在港口中忙碌的景象，人们就能感受到这个城市的勃勃生机。

关税主权外丧的物证
——北海关大楼旧址

珠海西路尽头，北海市海关大院内，矗立着一座三层方形的西洋建筑，这就是北海关大楼旧址。这是北海最早的海关大楼，始建于1883年。在老北海人眼中，这座建筑代表的是一段不堪回首的历史。

北海人将其称为洋关，因为自开办起，到民国30年（1941年），每一任正副税务司都是洋人。英国、法国、德国的人都曾经把持过北海海关，中国税务司这个位置却永远没有中国人的份儿。

据记载，从光绪十三年（1887年）至民国25年（1936年），海关一共进账900多万两银关税，但是所有的关税都被清政府"赔偿"给外国侵略者了。此外，旧中国北海关不但长期执行世界最低关税税率，还使进口鸦片合法化，严重地损害了中国的利益，也给北海百姓带来了巨大的灾难。

因此，当老北海人说到这座建筑的时候，还有些愤愤不平，一位老伯对我们说："这个海关虽然是清政府设定，但实际上是外国侵略者控制中国的工具。"

新中国成立后，这里依旧是北海海关的办公楼，直到北海海关新的办公楼落成，这里才成了广西壮族自治区区级文物保护单位。

现在，这里已经看不到当年的繁华景象了。这个建筑像是被废弃了一般，大门紧闭，围墙被铁丝紧紧围住。附近也看不到行人，偶尔会有几个游客拿着照相机来到这里，不过他们照了几张照片后觉得此处太过萧条，不是自己期望的景色，便匆匆离去了。

然而，建筑可以变得破旧，历史却不能够被遗忘。这幢破旧的海关大楼，时刻提醒人们铭记历史，勿忘国耻。

广西北部湾——东盟海上丝路邮轮航线

邮轮经济已经成为世界旅游经济增长最快的领域之一，作为中国西南地区对外开放的窗口，北海发展邮轮经济的前景广阔。

　　2015 年，广西北部湾——东盟海上丝路邮轮航线正式开通。这条跨国邮轮航线从广西的北海、钦州出发，沿着古老的海上丝绸之路一路南下，向越南岘港、芽庄，以及马来西亚关丹、云顶、热浪岛等东南亚古镇驶去。

　　当然，广西北部湾——东盟海上丝路邮轮航线的开通，不仅会给游客前往东南亚各地旅游观光带来便利，还将促进中国北部湾经济区和马来西亚东海岸经济特区之间的贸易往来。

　　此外，这条邮轮航线的开通，还标志着广西北部湾地区的港口成了中国直达东南亚国家最便捷的邮轮度假航线始发港，以及中国建设 21 世纪海上丝绸之路的始发港。

合浦古汉墓中的繁华景象

在合浦县廉州镇，游客有时会在某处平坦的地面看到一个突起的土堆，当地人会告诉游客，这叫封土堆，是汉墓的特殊标识。

或许，没有一个城镇会像廉州镇这样，拥有如此之多大规模的汉墓。这里埋葬着数千座汉墓，总面积近 70 平方千米，分布于县城的东北、东南、东西郊，将县城三面包围起来。

当地人告诉我们，地表现存墓葬封土堆有 1000 多个，平均底径在 10 米到 60 米之间，如同一座座小山包。相比于地表上封土堆的汉墓，平地下的汉墓更多，后者是前者的 5 倍以上。

为什么廉州镇的汉墓如此之多，难道仅仅是因为这里是合浦郡郡治所在地吗？当然不是，还因为这里是古代海上丝绸之路的重要港口。

　　在西汉年间,合浦的管辖区域极大。当时南到海南,东到广东开平,西到东兴等地的合浦郡,是中国南方政治、文化、经济的中心。

　　那时,商人将陶瓷、布匹、蜀锦装船,乘船从北部湾出发,先到印度,再去埃及、罗马等地。他们的货物在异国他乡受到热烈的欢迎,而卖完了所有货物的商人会带着满满一船当地特产回到合浦。

　　因而,合浦汉墓的主人大部分是在此从事珍珠、丝绸生意的商人,以及被贬谪到这里的名门望族。他们的陪葬品也大多数是带有异域风情的舶来品。

　　通过这些汉墓,人们可以想象到当时合浦对外贸易的盛况,想象出当时各国商人云集在合浦郡中,街道中都是熙熙攘攘的交易者的景象。

在合浦汉文化博物馆中
欣赏舶来品

如果没有看到门外工工整整的"合浦汉文化博物馆"几个大字，人们可能以为自己无意中来到了一个名胜古迹中。要不然，就是闯进了拍摄基地里。

的确，这个博物馆与其他的博物馆完全不一样。这里没有现代化的建筑，连办公楼都是仿汉代风格修建的。有人说，这里就像一个皇宫，似乎随时会有身穿汉服的婢女从中走出。

虽然这里并不是真正的皇宫，但是这个博物馆中的确藏着珍宝。这里主要展出从合浦古墓中挖掘出来的陪葬品，又因为这里的5000件文物都是出自汉墓，所以博物馆改名为合浦汉文化博物馆。

合浦汉文化博物馆有很多藏品,其中最吸引人的,还是那些带有异域风情的舶来品。这些来自东南亚、南亚、西亚和地中海地区的文物,是汉文化的一部分,因为它们是汉代"海上丝绸之路"的见证。

博物馆二楼的波斯陶壶前,总是有很多游客。游客们喜爱它精美秀丽的花纹,在拍照之余或许会羡慕这只陶壶的主人,甚至在心中幻想用这只陶壶喝酒的感觉。

实际上,这件波斯陶壶的珍贵之处,不仅仅在于它精美秀丽的花纹和精巧的制作工艺,还在于它是迄今为止中国出土年代最早的一件波斯陶壶,也是中国唯一一件东汉时期的波斯陶壶。

虽然扬州也出土过波斯陶壶,但是这件波斯陶壶的年代要比前者早500年左右,是汉朝与波斯帝国进行商贸交易的见证者。

或许,站在这件波斯陶壶前,人们可以轻易想象出,当时人们从合浦港出发,迎着海风,跨过一个又一个艰难险阻,来到地中海地区与当地商人交易的情景。

沧海桑田——重现人间的草鞋村汉城

草鞋村是廉州镇的一个城中村，20 世纪 80 年代初，人们在这里发现了汉城遗址。近几年，人们又陆续在这里发现了汉代大型窑址和建筑遗址。专家称，这里很有可能是西汉晚期和东汉时期的合浦郡城遗址。

草鞋村位于廉州镇西南侧，南流江的支流西门江从城址西南角经过。在古代，这里是颇为理想的住所。因为此地地处平原，土壤肥沃，利于耕作。而且河道宽阔深邃，离汉代的海岸线不远。于是，人们将货物运送到这里，并从不远处的港口起航。

但是，在历史的更迭之中，海洋变成了陆地，高高的城墙也消失不见。幸而草鞋村汉城遗址全埋于地下，所以在千年之后，依然可以重现人间。现在，草鞋村汉城遗址并没有面向公众开放，专家们将进一步发掘这些遗址，以便找到更多汉代城市的信息。

与丝绸之路年代吻合的
大浪古城

2003 年，人们在合浦发现了汉代大型聚落遗址——大浪古城遗址，为古代海上丝绸之路始发港的研究提供了线索。

《汉书》中说："自日南障塞，徐闻、合浦船行可五月，有都元国……"，清楚地勾勒了西汉时期，一条从合浦郡通往印度、斯里兰卡的海上国际贸易航线，这也是有史记载的最早的官方航线。然而，人们却一直找不到当时船只是从合浦郡的哪个港口驶出的，直到大浪古城遗址被发现。

大浪古城遗址存在的时间，与海上丝绸之路记载的时间吻合。遗址中出土的几何印纹陶片与当地发现的东汉墓甚至西汉晚期墓出土文物并不相同，经过研究，考古学家确定这些文物出现于西汉早中期。

专家认为，港口不会离城市太远，大浪古城在当时属于人口相对集中的县城，发现的码头遗址很可能就是当时的海上丝绸之路的始发港。无论如何，大浪古城遗址的发掘，可以帮助人们更好地了解合浦的历史变迁，体会北海在海上丝绸之路上做出的贡献。

到南珠宫看中国最美的珍珠

南来初看还珠记，当日珠民重可悲。碧浪曾翻千斛泪，夜光能换几餐饮。

——田汉

北海是南珠之乡，而最美的南珠就藏在北海南珠宫中。

这是一座十分平民化的建筑，它掩映在凤凰花树下。南珠宫离市中心很近，与海滨公园和水族馆隔路相望。因此，时不时会有人们从凤凰花树下走过。他们偶然抬头望一眼这座造型独特的建筑，当凤凰花红硕的花朵飘到他们肩头时，他们又转头朝前走去。

建筑本身就十分吸引人的眼球。当游客为了探访南珠而来到这里时，总会有人被这座

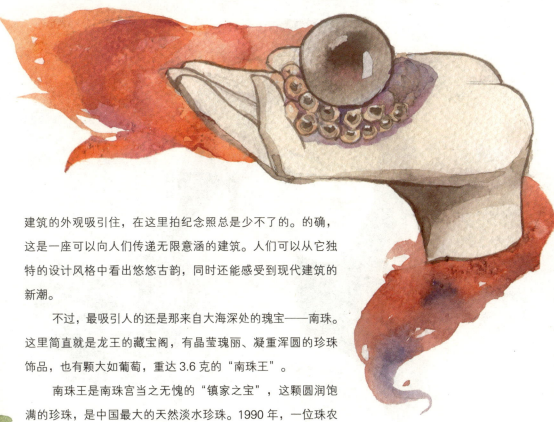

建筑的外观吸引住，在这里拍纪念照总是少不了的。的确，这是一座可以向人们传递无限意涵的建筑。人们可以从它独特的设计风格中看出悠悠古韵，同时还能感受到现代建筑的新潮。

不过，最吸引人的还是那来自大海深处的瑰宝——南珠。这里简直就是龙王的藏宝阁，有晶莹瑰丽、凝重浑圆的珍珠饰品，也有颗大如葡萄，重达3.6克的"南珠王"。

南珠王是南珠宫当之无愧的"镇家之宝"，这颗圆润饱满的珍珠，是中国最大的天然淡水珍珠。1990年，一位珠农在白龙珍珠池附近发现了这颗宝物。相传，有一名商人想用一辆奔驰车交换，没有成功。后来，商人调高了价码，出10万美元想买下这颗珍珠，最后也没有如愿。

作为南珠宫中当之无愧的明星，南珠王曾经多次作为"形象代言人"，向人们展示北海传承千年的南珠文化。在中国世博会中，广西馆中的"镇馆之宝"就是这颗南珠王。人们伏在玻璃窗前，想将这颗明珠装进自己的相机中。拍照的时候是不需要打开闪光灯的，因为南珠王的光芒已经足够耀眼。

在南珠宫近 1000 平方米的大厅中，除了闪烁的珍珠，还有一幅长约 900 米的壁画。站在这幅壁画前，人们似乎能听到远古回荡的涛声，看到勤劳质朴的采珠人。

或许，人们的眼前还会浮现这样一幅画面：古时，采珠人冒着生命危险从海中找到珠蚌，从中取出珍珠。然而，这些晶莹的珍珠虽然是上天赐予他们的珍宝，但是却不能长久地待在他们身边。皇室和达官贵人对南珠的需求很大，绝大部分的珍珠要送往京城。

有时候，他们也想为自己保留一两颗珍珠。可是官吏们只允许这些珠农留下成色不好的、颗粒也不够大的珍珠，那些像南珠王一样美丽的珍珠，早已成了官吏们献媚的工具。

幸而，现在南珠早已不是达官贵人的专属。站在北海街头，佩戴珍珠项链的人比比皆是。有人说，这些采珠人和珍珠何其相似，他们在咸水中浸泡，在海浪中抗争，最后凭借自己的勤劳和勇敢变得耀眼夺目。

藏着这座城市文化和历史的老宅

珠海中路一户翻新过的老宅中，藏着这座城市的文化和历史。

这就是珠海中路102号的北海老城历史文化馆。来到这里，人们可以了解北海的历史文化、渊源典故。

如果你对北海的历史一点也不了解也没关系，因为在入馆处，一幅名为"史海钩沉"的蓝色长卷就会告诉你北海是如何从汉代海上丝绸之路的始发港，变成一个中国对外交流的窗口的，又是如何被迫成为对外通商口岸，从而形成今天老城的格局的。

看过这幅画卷后，人们就会知道，现在成为北海"门面"的珠海路，在当时被称为"大街"，而那边的建筑也不是骑楼，而是传统的木结构民居。民国初期，当地政府对老街进行改造，才逐渐形成了让游客流连忘返的骑楼建筑风格的老街风貌。

　　看完画卷，穿过特意复原的木闸门，珠场司的由来以及珠还合浦的典故展现在人们眼前。随后，游客走进那些以原貌搭建的凉茶亭、酒水坊和杂货铺，犹如走入时空之门中，突然回到了商家云集、熙攘繁华的年代。

　　继续往里走，就是长期循环播放着与北海有关的影像资料的立体电影展厅。置身于其中，看见老城的历史在自己的眼前流转，震惊之余也许还会有"沧海桑田"般的感触。

　　参观完北海老城历史文化馆，再去逛珠海老街，斑驳的骑楼变得生动，骑楼下闲聊的老者也变得亲切，仿佛自己成了一个"老北海"。因为只有在充分感受这座海滨古城的文化底蕴之后，人们才会对眼前的景色有更深的理解。

交通：乘坐 2 路公交车在北海老城站下车，往北走 100 米即可。

见证合浦县百年更迭的
惠爱桥

在合浦县，没有一座桥会像惠爱桥这样有如此之多的名称。

最开始的时候，它被称为永济桥，后来改称为金肃桥。然而不知道从什么时候开始，人们又将这座桥称为西门桥。在重修金门桥的时候，当地的父母官又为它改了个名：惠爱桥。而在抗战的时候，它又有了一个新的名称：民族桥。

现在，游客还是习惯称呼李经野给它取的名字：惠爱桥。惠爱于民，这个寓意的确让人印象深刻。然而，当地人却有自己的叫法：旧桥。

这的确是一座很古老的桥梁。它始建于明代正德年间，已经在西门江河上矗立了150多年。它多次遭到毁坏，甚至在光绪十三年（1887年）毁于大火，但是屡毁屡建，一直为廉州镇东西两岸人民往来提供便利。

惠爱桥东西走向横跨西门江而过，桥顶覆盖瓦面，以防雨水从杆件的上端渗入。拱脚支撑在两岸石砌的橄榄形桥墩蝈上，桥墩旁还设有砖砌弧拱式泄水孔。惠爱桥的结构和设计别具一格，在全国亦属罕见，对桥梁建筑学有重要研究价值。

　　然而，对生活在这里的百姓来说，惠爱桥的意义不在于它的结构多么精巧，而在于它早已成为自己生活中不可或缺的一部分。

　　这是孩子们上下学的必经之路，如果将时间往前推，从这座桥上走过的，就是念着"之乎者也"从私塾中归来的孩子们。

　　它也是情人相会的桥梁，西门江将廉州镇分为东西两半，而惠爱桥则将镇东、镇西连接起来。当地人说，它就像银河中那座能够让牛郎织女相见的鹊桥。当然，这里也是合浦经济文化繁荣的见证。惠爱桥下，曾经驶过了无数艘装满货物的商船。

　　现在，惠爱桥成了廉州古城中一道别致的风景。远远望去，惠爱桥与两旁古朴的民居连在一起，在夕阳的照射下，这里既安静又雅致。偶然，从远处漂来一叶扁舟，船上的渔民一手撑杆，一手拉网，从桥下缓缓而过，又为这座桥梁增添了不少渔乡气息。

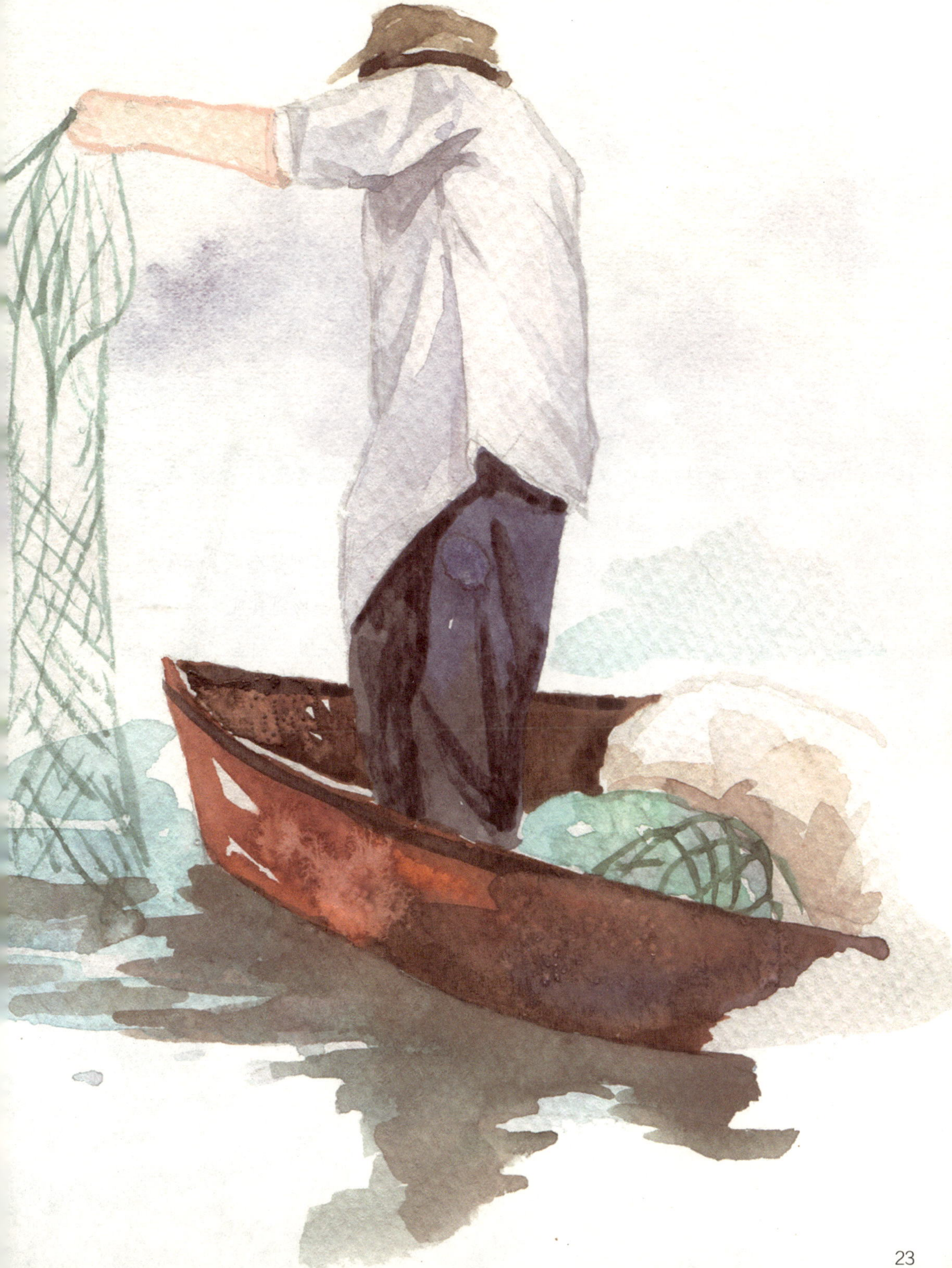

第二章

品味北海，最旖旎的风情

有人说，来到一个城市后，若是不去游览这个城市的古建筑，或者感受这个城市的风土民俗，也就无法触摸这个城市的灵魂。

北海也是如此。若是遗忘了珠海路，那我们也就感受不到这个城市的市井气息，不能想象北海当年熙熙攘攘的繁华场面了。如果不去看一场别具风味的蛋家婚礼，我们也不能发现这些被誉为"中国的吉卜赛人"的奇妙之处，明白"向海而生"的真正意义。

承载北海人过往记忆的珠海路

一般来说，北海老街指的就是珠海路。这条长约 1.4 千米的街道，曾经是北海最繁华的商业街区。沿街遍布英国、法国、德国领事馆旧址，德国森宝洋行旧址和天主教堂女修院旧址，以及各种各样的老字号。

老街中连绵不断的骑楼廊道是这里的特色。19 世纪中叶，这种建筑风格从异国他乡传了过来。虽然骑楼带有浓浓的异域风情，却很快被北海人接受。

人们穿行于骑楼下，并且在骑楼中开起商铺：或是贩卖鱿鱼、沙虫、虾米、鱼干等海货，或是出售来自苏杭的绸缎，又或是卖鱼钩、渔灯、风帆布、船钉等渔民用品。在这里，吆喝声和讨价还价的声音是少不了的。

当然，这里也有甜甜蜜蜜依偎在一起的情侣。约会的时候，再精明的人也不会和店主为了几分钱争吵。文静的姑娘，或许会站在一边等着情人为自己挑选礼物。而那些活泼的女孩，则会站在恋人旁边，对店主说："老板，再便宜一些吧！"这些与中国格格不入的建筑，成了市民的生活场所。

渐渐地，人们越来越依赖骑楼了。无论是否有购物的需要，北海人都喜欢来这里逛一逛。逛累了，就找一个老字号，吃几碟粤式点心。华灯初上，他们也不愿意离开这个地方。听粤剧也好，看电影也罢，总是要玩到接近凌晨才愿意回家。

同时，作为商业街区，这里的创业故事至今为人津津乐道。孩子们总是喜欢围在老人身边，向他们询问咖啡晚、庭辉等老街知名人士的故事。老人会清清喉咙，对身边的小家伙说："那我今天就说沙毛脚夫妇的传说吧。"孩子们立刻跳了起来，即使这个故事他们已经听过三四次了。

　　如今，珠海路老街已经被开发成了一条特色的商业街。人们在这里可以品尝到各种当地美食，比如，香辣花螺、虾饼、猪脚粉等。然而，这里最迷人的还是市井风情。老人坐在摇椅上摇着蒲扇哼着曲儿，街坊们三三两两地围坐在一起聊天，话题也很日常：邻居家的儿子考上了重点大学、忘记交水费，结果晚上起来发现没水可用了……

　　很多人说，珠海路已经失去了往日的美丽，如同一位迟暮的美人一样，岁月的斑驳随处可见。然而，对北海市民来说，这个承载他们过往记忆，陪伴他们经历无数个东升西落的场所，经年累月，美丽如昔。

悬知合浦人，长诵东坡诗
——东坡亭

芒鞋不踏利名场，一叶轻舟寄渺茫。林下对床听夜雨，静无灯火照凄凉。

——苏轼

合浦师范学校内的东坡亭，绿水环绕，风景极佳。这座歇山顶二进亭阁式砖木结构的建筑，是后人为了纪念苏东坡建造的。

宋元符三年（1100年），因"乌台诗案"被贬到海南岛的苏轼遇赦北归，被调往廉州（今合浦县）。来到合浦后，他受到了当地名士邓拟的热情接待，并被安排住在风景优美的清乐轩中。苏东坡在这里住了两个月，离开时，他说："我在这里住了这么多天，往后虽然我人不在这里，希望你们还是要记得我啊。"

虽然这也许只是一句玩笑话，但是当地人却将这句话记在心里。苏轼去世后，人们为了纪念他，在他当年住的地方修建起了一座亭子，命名"东坡亭"。

　　走进东坡亭，就能感受到隐隐流淌的文化。主亭正门上悬挂着广州六榕寺铁禅大师所写的"东坡亭"牌匾，亭内正面壁上嵌有苏东坡石刻像；亭外四壁上刻着苏东坡在合浦写下的诗句，有"东坡醉熟呼不醒，但云作劳吾耳鸣"，也有"悬知合浦人，长诵东坡诗"。

　　古时，人们最喜欢来此缅怀苏东坡，并在此谈诗论画。不知道，每到龙眼成熟的季节，人们会不会端来鲜香多汁的龙眼呢？要知道，苏东坡可是认为合浦的龙眼可以与岭南荔枝相媲美呢。虽然苏轼已经无法品尝合浦的龙眼，但是沉浸在龙眼香气中的文人雅士们却将苏东坡写在了诗中，画进了画里。

　　是的，苏东坡对北海文化影响极大。虽然他只在这里生活了短短几个月，但是北海到处都是苏东坡的传说："东坡题诗戏知州""东坡笠的来历""东坡端砚沉湖底""珍珠酒传奇"等，现在在东坡亭的回廊中，还能看见历代文人骚客写下的诗句。

不过，对普通的北海市民来说，最熟悉的还是亭东面的东坡井。相传，这口井是苏东坡亲自挖掘的，井水清澈甘美，只要喝了这里的井水，就能金榜题名。

现在，这口井已经变成了北海人的"祈福地"。总有一两个中年妇女，站在东坡井前双手合十，口中念念有词。有时，她们身边也会站着一个中学生模样的年轻人，一脸不情愿的模样，他们就是即将高考的学子和家长。在孩子眼中，母亲似乎有些病急乱投医，因为苏东坡虽然才高八斗，却也算不上"官运昌盛"的代表。来到北海的苏东坡，已经是数度被贬，几经流放，垂垂老矣。

然而，虽然有点不情愿，他们也会跟着母亲拜一拜，倒不是祈求苏东坡能够保佑自己取得一个好成绩，而是想表达自己对这位大文豪的敬意。

为当地人遮蔽风雨的普度震宫

茶亭路的普度震宫，建于清光绪年间，距今已有一百多年的历史。从外观来看，这是一座极为普通的庙宇，然而这座庙宇却有"北海诸庙之冠"的美誉。北海人如此喜欢普度震宫，大概因为它曾经为人们遮蔽过风雨。

清光绪二十三年（1897年），北海的士绅们集资在东郊建立了一座茶亭，方便往来的旅客避雨乘凉。夏日炎炎之时，茶亭中会有免费的茶水，用以避暑解渴；严冬腊月的时候，当地的慈善家们就会在此赠衣施粥，赈助贫困。这座茶亭远近闻名，茶亭路也由此而来。

次年，罗浮山乾元洞道士吴锦泉从香港归来，在见过当地慈善家的善举之后，他决心在茶亭的对面建造一座庙宇。于是，他向侨胞集资，于同年修建了普度震宫。普度震宫的楹联说出了吴锦泉修建这座庙宇的初衷："普度宏开劝尔回头登彼岸，震宫演教望民转念出迷津。"

当时，来普度震宫祈福的信众极多。当地人在此获得精神慰藉，还有很多信众千里迢迢赶过来，只为拜祭庙宇中的神灵。而普度震宫也没有忘记修建的初衷，下设了普善堂，专门处理社会慈善事业。

民国初年，战火纷飞，有不少外省的难民逃到北海。然而，虽然在战争中捡回了一条命，但是他们已经失了去自己的家园，只能露宿街头，变成乞丐。这时，普善堂设置了安良所，用以接待外来难民，并且提供食宿。于是，很多人在北海安了家，等自己生活安定下来之后，他们又到这里做义工，帮助和自己一样外逃到北海的人。

在中华民族面临生死存亡之际，这里又变成了宣传抗日救亡运动的大本营。那些进步青年们常常聚集于此，他们的眼中闪烁着希望，一起讨论中国的未来。

如今，普善堂已经被列为市管文物，成了人流颇多的旅游景点。但是其"普行公益、善与人同"的理念，一直被当地人记在心中。

寄托着"一郡之望"的古塔——文昌塔

广西的古塔有很多都是风水塔，由于存在的年代太过久远，所以民间关于这些古塔的传说不少。而作为广西南部宝塔之冠的文昌塔也不例外，它静静地矗立于合浦县南郊，海风吹来，附近密林的树叶随之摆动，哗哗作响，给它增添了几分神秘。

文昌塔传说的主角并不讨人喜欢。相传，清乾隆年间，康基田受命到廉州任知府。这位知府大人精通风水，一到廉州就四处考察地形。他发现廉州的地形有点像"犀牛出海"，而城南一带正是"犀牛吉地"。当时，城南一带的坟地特别多，要是谁家的祖先埋葬在这里，那么他的子孙必然大富大贵，这样会影响自己的官运。

怎么办？康基田想出了一个办法。他命人在城南地势较高的地方修建起了文昌塔，当夕阳西下的时候，文昌塔的影子就像是一条七节钢鞭，不停地鞭打犀牛，将之往回驱赶，以破风水。而康基田的行为虽然保住了自己的地位，却让合浦在百年间都没有孕育出一个人才。

这个传说流传很广，以至于在当地，"康基田"就是"自私恶毒"的代名词。其实，传说中自私自利的康基田，却是个实实在在的好官。据考证，他任廉州知府时，为当地百姓做了不少实事：引进种桑养蚕技术，解决农民生计问题；大兴文教，主持修复"海门书院"；疏浚城壕，改善城中排水系统……

虽然民间传说并不是空穴来风——康基田的确在合浦主持建造过一座塔，然而这位知府的本意并不是破坏风水，更何况这座塔早就坍塌了。

既然文昌塔的修建，并不是为了"驱赶犀牛"，那么这座塔到底是因何修建呢？其实，我们从它的名字"文昌塔"就能找到线索。

《廉州府志·卷一·图经志·历年纪》中，就简明扼要地讲述了修建文昌塔的目的："（文昌塔）峭出之间如文笔状，固一郡之望也。"是的，"一郡之望"就是当时人们修建这座七层塔的目的。在城南建造文昌塔，就是希望文昌帝护佑当地文明昌盛，人才辈出。

有人说，如果将出人才的"一郡之望"都寄托在一座塔的身上，未免有些不切实际。然而，其实每个城市都有这样的建筑，它或许被当地人保护得很好，或许已经破旧，或者是近代才在原址上重修的。可是，无论它是什么样子的，也无论它拥有什么样的传说，它都是当地人的精神寄托。

人们也明白，人才的出现，除了天时地利，更需要人的主观努力。如果腹内空空，即使一天三次祭拜神灵，也难以一举夺魁。然而，人们也需要这样一座高塔给自己勇气和希望，在迷茫的深夜里，想到城南还立着这样一座文昌塔，内心也会变得坚定。

如今，隐藏在密林中的文昌塔静静地注视着当地的发展，而人们也会在为现实生活奔波的间隙依恋地回望着它的身影。

37

中国建筑史上的奇迹
——大士阁

寻找大士阁并不是一件困难的事情。大士阁在当地很出名，无论是白发苍苍的老人，还是在路旁玩石子的幼童，都能告诉我们正确的路线。

位于北海合浦县山口镇永安村的大士阁，因其曾经供奉过观音大士而得名。这座建筑的主要承重结构是36根木圆柱，圆柱都支撑在雕刻宝莲花的石垫上。而令人难以置信的是，这些石垫只入土10到15厘米，石垫之下没有任何地基。

按理说，这样的建筑应该不能经受风浪。但是当地人告诉我们，这座建筑建造于明万历年间，已经有近500年的历史。数百年来，这个地方经历了多次地震。又因此地临海，所以遭遇的强台风更是难以计数。那时候，附近的房屋都倒塌，只有大士阁岿然屹立。在遭遇天灾的时候，人们只要看见这座大士阁，就会重拾信心，重建家园。

这里并不是一个非常热门的旅游景点，但是此处依然香火鼎盛。无论是否有心愿要向观音大士祈求，人们都习惯来到此处。特别是每年观音诞的时候，这里的人总是最多的。

村民们早早就起来了，捧着自己家种植的鲜花，拿着香烛来到这里。小孩跟在大人后面，虽然不懂参拜的含义，却也可以背诵《心经》。虽然大人叮嘱过他，在念完经之后，要让观音大士保佑自己健康平安，但是孩子们总是会加上其他的愿望：零食越来越多，作业越来越少……

虽然，大士阁最初的建造目的并不是为了供奉观音，而是为了抵御倭寇。然而，军事用途也好，建筑界的奇迹也罢，在当地人心中，这座建筑早已成了他们生活的一部分，也是他们的精神支柱。

了解过往历史
——涠洲岛城仔教堂

有人说，如果想看生活在这座城市中的人最信仰什么宗教，就要看看在这座城市中能代表这个宗教的建筑有多少。在北海，海神庙当然是最多的。此外，拥有悠久历史的佛教庙宇也不少。其实，很多人没有注意到的是，北海的教堂数量也很可观，足有5座之多。而在这5座教堂中，涠洲岛城仔教堂无疑是最负盛名的。

城仔教堂是北海唯一一座圣母堂，约建于1880年，由法国天主教神父李神父负责筹建。这是一座典型的欧洲乡村哥特式教堂，与不远处低矮的民居相比，这座带有浓郁西洋风情的建筑有些格格不入。

　　在教堂中，我们遇到了一位白发苍苍的信众，她告诉我们，以前她的母亲总是带着她来此礼拜。那个时候，很多街坊都会来到这里，教堂里还有几个金发碧眼的洋人。第一次看到这些人的时候，她很害怕，一直躲在母亲身后，不敢与这些洋人交谈。后来，她慢慢适应了这些人，再看到洋人与当地人一起礼拜的场景，也不会觉得奇怪了。

　　然而，现在人们已经看不到当地人在此礼拜的场景。虽然在北海众多教堂之中，城仔教堂算是保存得比较好的一座，但是看到风化的楼板，被雨水侵蚀的墙面，人们还是能够在这座教堂上看到岁月的痕迹。老人告诉我们，这里如今很少有人来，只是偶尔接待几个游客罢了。虽然人们已经无法想象当时的场景，但是走进这座静谧安详的教堂，人们似乎能听见这座建筑物讲述的过往的故事。

富有浓郁地方特色的公馆木鱼

说到北海民间艺术，公馆木鱼是不能被忽视的。这个流行于北海客家地区的传统说唱艺术，是北海民间艺术中一朵瑰丽的奇葩。

明代时期，大批客家人南迁至北海市。嘉靖年间，民间艺人根据发生在公馆廉湖书院的事件，编造出一套名叫《牡丹花》的曲调，一边用客家方言演唱，一边用手中的木鱼作为伴奏。因此，人们把这种民间艺术称为"公馆木鱼"。

虽然现在公馆木鱼讲述的故事有很多，但是最为熟知的还是《牡丹花》。当《牡丹花》被创造出来之后，乞丐是最主要的传唱者。当人们从这些乞食者嘴中听到这个故事之后，才渐渐接受这种曲艺，公馆木鱼也为人所知。

《牡丹花》是从真实事件改编过来的。嘉靖年间，廉湖书院有一对恩爱如鸳鸯的青年男女，女的名叫牡丹花。他俩到廉州府赴考时，被县官张五爷遇到。他见牡丹花聪明貌美，便强抢入府，欲纳她为妾。

　　廉湖书院的书生们知道这件事情之后十分气愤，他们一起冲向官府，要求放出牡丹花。但是，张五爷根本就不害怕这些读书人。在他看来，这些人既不是掌握自己命运的高官，也不是可以取自己性命的江湖侠客，他们只有几支笔、几张嘴而已。于是，他将这些读书人抓进了牢房。

　　但是让张五爷没想到的是，舆论的压力也极具力量。乡亲们赞赏书生们见义勇为的精神，纷纷凑钱供给他们灯油笔墨。这些书生在牢里一边继续斗争，一边苦读诗书。几个月后，舆论的压力越来越大，此事甚至传到了省外。为了保住自己的官位，张五爷只能将书生们和牡丹花放了出来。出狱后，书生们正好赶上了科举。让人惊喜的是，有不少人考中了举人。

　　喜讯传来，乡亲们大摆酒席庆祝。席间，一位客家艺人突然想到：要是将这个故事改编成曲调，将喜事传唱就好了。于是，《牡丹花》诞生了，并成为群众喜爱的曲调流传了下来。

别具海韵情味的北海特色婚礼

疍民，亦称疍人、疍家。这个以"舟楫为家，捕鱼为业"的居民群落，因为其居住的渔场外形很像蛋壳，因而被人称为"蛋家"。新中国成立之后，统称为疍家。作为"中国的吉卜赛人"，疍家的婚礼也具有海韵情味。

婚礼五天前，疍民就忙开了。这天，男方和女方要在早上 7 点左右开始搭棚。等搭完棚了，人们就会在棚前放鞭炮。这时，生活在附近的孩子就成了最佳的"通信兵"，他们被鞭炮声吸引了过来，发现这家人正在办喜事呢。

孩子们小心翼翼地凑过去，想要从搭棚的大哥哥嘴中套出消息来。看到他们可爱的模样，人们给他们塞了几块糖，并告诉他们这家马上就要娶媳妇了。孩子们拿了糖，认真地记下横批上新郎的名字，然后像小鸟一样飞走了。正如小鸟会把春的消息告诉人们一样，这群孩子也将这家人要办喜事的消息传遍大街小巷。

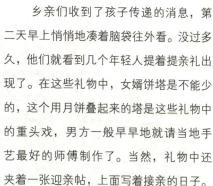

　　乡亲们收到了孩子传递的消息，第二天早上悄悄地凑着脑袋往外看。没过多久，他们就看到几个年轻人提着提亲礼出现了。在这些礼物中，女婿饼塔是不能少的，这个用月饼叠起来的塔是这些礼物中的重头戏，男方一般早早地就请当地手艺最好的师傅制作了。当然，礼物中还夹着一张迎亲帖，上面写着接亲的日子。

　　新娘接到了迎亲帖，期待之余却萌发出对娘家的不舍来。于是，新娘以歌代哭，歌中的内容多是倾诉父母的养育之恩，兄弟姐妹和妯娌伤离惜别之情。特别是在夜深人静之时，她们与姐妹、妯娌互叹。如果碰上了会唱会叹、感情丰富的新娘，往往要"叹"够十个通宵才尽兴罢休。

　　出嫁的日子很快就到了。在古时，疍家婚礼"以船代轿"，新郎乘着小船去接自己的新娘。相传，这是因为常年生活在船上的缘故，新娘不晕船反而"晕轿"。虽然，在现在的疍家婚礼中，人们已经很难看到"以船代轿"的情景，但是仅仅是"哭嫁"这一项，就能感受到疍民别具特色的风俗文化。

祈求风调雨顺、国泰民安的龙母庙

对生活在海边的人来说，海神不仅仅是他们的精神寄托，还是他们生活中必不可少的一部分。每逢重要的节日，他们都要祭祀海神，以求海不扬波，风平浪静。即使在平常的日子里，人们也喜欢到供奉海神的庙宇中拜祭。而那些见过滔天巨浪的舵手们，在海神塑像前虔诚跪拜，乖巧得像个孩子。

在广西，提到海神，就不得不提"龙母"。在这片土地上，关于"龙母"的传说有很多。在传说中，龙母时而化身成一位有法力的仙人，时而变成了保平安的"神女"。然而，无论故事的情节如何变化，这个传说都有一个共同的主旨：龙母是一位伟大又仁慈的母亲。因而，人们供奉她、祭祀她，希望她能像母亲保护孩子一样，庇佑向海而生的北海人。

北海市外沙岛的龙母庙是北海人的精神寄托，无论什么时候，这里的香火总是鼎盛。这座庙宇修建于清代道光三年（1823年），100多年来，北海人一直在此供奉龙母。只要有空，人们就会前往龙母庙进香祈祷，希望龙母娘娘能够庇佑他们出海作业的亲人和朋友。

当然，最热闹的时候还数农历十二月十六的祈福还愿活动。这天清晨，人们早早地就等在路边了。天气有些寒冷，但是浇不灭人们的热情。特别是那些裹得严严实实的孩子们，也变得安安静静，带着一丝期待望着路的尽头。

随着锣鼓、唢呐声由远至近传来，人们盼望的游街队伍也终于来了。

在游街队伍中，舞龙舞狮的队伍是不可少的，当然，也有穿着盛装的疍家妇女，一边打着腰鼓、扭着秧歌，从人们身边经过。最吸引孩子们的，还是那些舞杖、摇扇的神仙。老人看见了龙母娘娘的圣像，都会双手合十向龙母做短暂的朝拜。这时，那些被孙悟空吸引的孩子们也会学着大人双手合十，拜上一拜。

即使没有龙母信仰的游客们，也会驻足观看，体会这浓浓的渔乡风土气息。无论是喜气洋洋的当地人，还是风尘仆仆的游客，都会跟随游行队伍来到龙母庙，虔诚祈福，祈求龙母娘娘保佑来年风调雨顺，国泰民安。

摘取吉祥和幸福——元宵节偷青

元宵节要干什么呢？对中国人来说，元宵节可以做的实在是太多了。嘴馋的人，大概早早地就来到元宵店铺前面了；也有人对观灯情有独钟，准备在灯会上猜中一两个灯谜。

在北海，人们也会吃元宵、赏灯，但是有一项活动却很有地方特色：偷青。

所谓偷青，就是在元宵节的晚上偷偷地去田地里摘取青菜、葱、蒜之类的农作物。当然，这不是毫无节制地到田间踩践农作物的行为，而是一种祈福行为。

在北海，偷青是有约定俗成的含义的。比如，"采葱"寓意聪明伶俐，这大概是刚刚结婚的妇女的"保留项目"，因为老一辈会告诉她们，这意味着将来生出来的孩子聪明灵巧；"采菜"寓意生财，所以外出做生意的人会选择摘取生菜和菜头；"采蒜"寓意合算，这是耕者与工匠的最爱，耕稼者希望风调雨顺，五谷丰登，工匠则希望计算准确合算。

　　偷青是一种象征性的民俗行为，人们通常只取一点点作为意思，以获得一个好彩头。虽然我到你的菜地里采葱，你到我的田地里去采蒜，已经成了一种心照不宣的约定。但是人们还是认为自己在获取吉祥的时候，也不能让他人有所损失。所以，在古代，偷青的人会将相应的铜钱摆在现场。在北海，元宵节第二天在菜地捡到的钱也被称为"发财钱"。

　　当然，这种习俗也是孩子们的最爱。"每到元宵节的时候，我妈就会给我几块钱，让我和小伙伴们去偷青。"一位北海人告诉我们："那个时候，我们总是偷偷摸摸地，进菜地的时候生怕被别人发现。实际上，我们的动静并不小。但是因为菜农都是认识我们的叔叔阿姨，所以他们总是装作没听见。"

　　这位北海人告诉我们，虽然现在很少参与这项活动了，但是每到元宵节的时候，看到街上成群结队的孩子，聚在一起不知道在商量什么的模样，他就会想起当年偷青时的乐趣。

　　也许，元宵节的时候，每一个北海人都会回忆起当年自己抱着葱蒜回家，带着一身蒜味睡觉还喜气洋洋的模样吧。

亲人齐聚忆先人
——中元节习俗

《礼记·祭义》中说："众生必死，死必归土，此之谓鬼。"在古代，人们认为，鬼只是生命的另一种表现形式。因此，为了表示对祖先的尊敬，很多人都会选择在"鬼节"祭祀鬼魂。

农历七月十四日，北海市寻常百姓家，都有过"鬼节"的习俗。这天，每家都会准备好鸡鸭。鸡鸭一定要是整只，与整块的猪肉一起下锅煮熟，摆放在木托盘之上，称之为"三牲"。

有时候，北海人也会在"三牲"之上加一只鹅和一条墨鱼，凑成"五牲"。旁边摆上"桥板"——一盘方块形的米糕，再加上祭祀时必不可少的茶、酒和米饭。"鬼节"需要的食物就准备好了。

这时，平常在家中"需要照顾"的奶奶或是外婆站了出来，她们变成了主祭。看见她们严肃认真的模样，孩子或许会忘记自己搀扶她们下楼时的情景。

这时，即使是腿脚不好的老人，也会忍住疼痛，一边跪拜，一边将自己的心愿告诉祖先。虽然每个老人的愿望都不一样，但是大都是祈求祖先领祭，庇佑合家平安发财之类。

　　之后，家中的成员按照辈分先后跪拜。这时，平常家中的"小公主""小王子"们也不敢出来捣乱。看到大人严肃的样子，他们明白要是自己这个时候"闹脾气"，一定不会被轻易饶过。于是，他们有样学样，跟着大人跪拜在祭祀品前。

　　拜完，就是焚烧预制的冥衣、冥鞋、冥镪等。这大概是孩子最喜欢的一个环节，平时不准许玩火的孩子，趁着这个时候一个劲儿地往前面凑，嘴中还喊着："妈妈，我来帮你烧！"父母怎么会看不出孩子的本意，但是他们也只是笑着说："过来，让祖先保佑你平安健康。"

　　对孩子来说，死亡是很陌生的，他们并不知道烧这些东西有什么用意。而在父母告诉他们这些东西可以让祖先享受时，他们也许会天真地说："那我要多烧一点，这么点怎么够呢？"

家祭仪式结束，人们将牲品切碎盛为三碗或五碗，朝门外拜祭，并且烧冥钱、冥鞋和一封爆竹，这是为有姻亲关系的"外鬼"准备的。一般这种仪式在中午就完成了，人们团聚在一起，共享祭品。虽然是鬼节，但是因为身边是很久没见面的亲人，所以人们总是开开心心的。

当亲人坐在一起聊天，谈论这些天的见闻时，时间总是过得飞快。不一会儿的工夫，月亮便出来主导人们的生活了。虽然再三挽留，可是亲人还是要返回自己的家中。刚刚还热闹非凡的家，此时又变得寂寥了。

　　但是现在还不是睡觉的时候，当朗月初上之时，人们会准备一副小牲品，一般是一只煮熟的螃蟹、一个鸭蛋、一条鱼、三碗米饭，还有三杯酒和五杯茶。点上香烛，放在大门之外。北海人称之为"施幽"，意思向幽灵饿鬼施舍。这就是鬼节中蕴含的人情味，人们担心无儿无女的幽魂没有人祭祀，所以专门向游魂饿鬼施祭。祭祀完，如果附近有乞丐，人们就会把这些牲品送给乞丐们。

　　最后，将绿豆芽或葛茹切丝往门外撒，"施幽"结束，就可以紧闭大门睡觉了。但是，躺在床上，脑海中浮现刚刚与亲戚闲聊的场景，想到不知道什么时候才能与家人聚在一起时，北海人又翻来覆去睡不着了。

第三章

走进北海，遇见最美丽的景色

没有一个城市像北海一样美得如此自然。

这里有被中国国家地理评为"中国最美小岛"的涠洲岛，有如马尔代夫一样美丽的北海银滩，有袅袅炊烟，有潮起潮落。

大概大自然已经把它塑造得足够美丽，因而就算是没有通电的斜阳岛也成为人们化不开的梦境。

来北海之后要做什么呢？在细软的沙滩上散步，和渔民一起出海打鱼，去天主教堂遇见唱诗班的孩子们……或者，什么也不做，找一处僻静的地方，静静地看太阳坠入海中，和伸手可及的繁星一起聆听浪涛声。

中国最美丽的海滩
——北海银滩

对同一个城市，每个人都会有不同的看法。有人爱北海淳朴的民风，爱它的自然气息；而有的人会认为它少了点现代化的味道，太过"小家子气"。有人爱北海的海洋滋味，而有的人却想要品尝更为复杂多变的菜肴。有人来过一次就不愿意离开，有的人却急着逃离这里。

的确，评价一个城市是很主观的行为，其间难免会出现"彼之砒霜，吾之蜜糖"的情景。正如有人喜爱珠海路老街上斑驳的骑楼，喜爱楼下藏不住的生活气息，而有的人却更为中意广州的骑楼，喜欢它百年如一日的美丽。

然而，在北海，有一个景点却俘获了所有人的心，老人、孩子、青年……即使是步履匆匆的都市人，也会想要停下自己的脚步，忘掉城市的喧嚣，在此地搭建一座小木屋，看日出日落。这个地方，就是享有"天下第一滩"之誉的北海银滩。

　　这里是中国最美的沙滩。也只有在这里，人们才能看见如马尔代夫一般美丽的白沙。据说，当年北京奥运会沙滩排球场馆用沙就是从这里运过去的。

　　这里的银沙极软。海浪如同一位温柔的恋人，轻吻沙滩，而我们就在吻痕处行走。也许，只有踏上这片银白色的沙滩，感受细小的沙粒在脚趾缝中穿行，人们才能感受到这片沙滩的魅力。

　　走着走着，我们也不自觉地来到了银沙的恋人——大海的怀中。初夏的大海温度并不高，一波又一波的海浪拂过我们的脚踝，走得久了甚至还会觉得有些冷。

　　然而水温并没有使海中的人们热情消退，一对情侣牵着手慢慢地走着，不知他们的注意力是在脚下的海水上，还是身边的恋人上。

　　还有几个小孩在浅滩处戏水，他们的母亲坐在不远处，正欢愉地享受着太阳的温暖。海风轻轻吹过椰林，一切都变得安静而惬意，但是孩子母亲的注意力并没有完全被这幅美景转移。在发现孩子蹑手蹑脚往深水处走时，她总能将自己的目光从远处收回来。

　　这里的落日是不能错过的。剪碎的夕阳给沙滩披上了绛红色的外衣，一切都变得朦胧起来。远处的情侣、嬉戏玩闹的孩子、恬淡温柔的孩子母亲，都显得那么不真切。

　　只有当风带来一股海洋的气味，身后的椰林哗哗作响时，我们才回过神来：自己身处北海银滩。走吧！去做夕阳中的踏浪者。

涠洲岛最美丽之所在
——鳄鱼山公园

在当地人口中，涠洲岛火山国家地质公园又被称为鳄鱼山公园。这座公园三面环水，是海岛上的半岛，又因其状如一条在海面游动，正张开血盆大口的鳄鱼而得名。

大部分人都不喜欢鳄鱼，渔民也是如此，但是此地的鳄鱼山公园却得到了大家的喜爱。据说，这里是涠洲岛最美丽之所在。

刚刚抵达山脚下，我们就感受到了这座岛屿的美丽。这里的火山岛景观让人叹为观止：逶迤绵长的黑色玄武岩被海水侵蚀，形成了千奇百怪的海蚀地貌。

稍微有想象力的人，都可以在岩石中找到被大自然雕刻的动物和植物。友人笑称，这些黑色的岩石就像被上天施法定住的生灵，或许它们也曾是天兵天将，但是因为犯了错，所以被贬下凡间来。的确，在看到这些千姿百态的岩石之后，谁会不想给它们创造一段动人的传说呢？

落日的时候，这里更加美丽。傍晚正是退潮的时候，这时我们可以看见那些在白天被海水淹没的礁石。在落日的余晖中，这些奇特的石头宛如美人鱼窥探王子的礁石，美丽又梦幻。

当然还有可爱的螃蟹，它们的速度没有海浪快，只能赤裸裸地暴露在人们眼前。而随着太阳落山，它们又快速地隐没于夜色中。

有时候，我们不禁会想，也许是大自然在对它们说："这些游客都是没见过世面的，你就在他们面前晃一晃，让这些'乡巴佬'见识一下南海的风情。"于是，在游客的感叹声中，它们又优哉游哉地回到海洋中去了。

当然，去岛上的标志性建筑物——灯塔那里逛一逛也很不错。灯塔是渔民们的守护者，曾经为无数艘迷失的船舶指明方向。现在，灯塔又拥有了新的身份——观景台。登上灯塔的瞭望塔，人们可以一览鳄鱼山公园的美景，远眺无垠的海岸。天气好的时候，人们还可以看见对岸的北海市。

我们离开时，天色已暗，可是灯塔下还有不少游客。他们是摄影爱好者，要在此等待星空的降临。的确，在寂静的岛屿中，一边听不远处海浪的声音，一边欣赏广阔无垠的星空，肯定别有一番风味。

小贴士

开放时间：7：30—18：00，下午5点停止检票。

注意事项：这里是岛上唯一要检查门票的地方，一定要记得携带门票。

绿水碧波之上的点点繁星
——星岛湖

北海的岛屿很多，其中，以星岛湖最为出名。在这片景区中，零星地分布着 1026 个大大小小的岛屿。有人说，从空中俯瞰，这些形状各异的岛屿，宛如一颗颗闪亮的星星散落在绿水碧波之上，星岛湖也因此得名。星岛湖湖面宽阔，水绕青山，景色迷人，景区中还建有"水浒城"，是中央电视台拍摄《水浒传》的外景基地。

游览星岛湖一定要乘船。坐在游船中，极目远眺，看远处岛屿星罗棋布，而近处水道幽深，湖水清澈，人们会不由感叹自然之美。

北海人告诉我们，每个季节都可来星岛湖。初春时节，此处湖水荡漾，间或一两条鲢鱼跃出湖面，岛上绿树开始发芽，一切都那么生机勃勃，星岛湖仿佛是北海第一个被春风吹拂的地方。

　　盛夏时节，星岛湖是北海最迷人的消暑之地。岛上绿荫苍翠，人们坐在湖边的大树下，支起鱼竿钓鱼。鸟儿站在枝头唱歌，那清脆婉转的声音，久久地在林间回荡。暮秋时节，星岛湖依然是一片葱茏，满目苍翠，笔直的桉树像无言的卫士一样守护着这个景点。船进入曲折的水道，惊起一只只正在觅食的水鸟。

　　隆冬时节，星岛湖显得颇为寂寥。虽然湖面没有结冰，但水温较低，是不能下水的。这时连水鸟也消失了，它们去了更温暖的地方。偶尔也会有人来探望星岛湖，或许是担心星岛湖寂寞，他们带来了一大堆朋友，叽叽喳喳的，好不热闹——他们就是附近的养鸭人。

星岛湖不仅有自然风光，还有人文景色。船行至涌金门，一座古城出现在我们面前，这便是 1996 年中央电视台在拍摄《水浒传》时与合浦县合作建造的"水浒城"外景基地。走进"水浒城"，走在青石板路上，欣赏那些精致的仿古建筑，抬头瞭望潘金莲掉下木棍的那扇窗，端详栩栩如生的水浒人物雕像，我们仿佛置身于英雄迭出的北宋末年。

这里有很多身穿汉服的人，这些人不是工作人员，而是游客。走在古朴的苏杭水街上，这些身穿中国传统服饰的人显得格外美丽。和这些人一起坐船回去是件幸运的事情，因为一边欣赏飘逸的广袖，一边和湖中的鱼儿逗趣，在不知不觉中，星岛湖也如一颗闪烁的星星一样永远留在了我们心中。

小贴士

交通：合浦电影院门口，有星岛湖旅游巴士，每 40 分钟就有一班，运营时间是 7：00—16：40。

满足人们一切幻想的石螺口沙滩

清晨，太阳还没起床的时候，就有人赶到石螺口海滩了——他们是来看日出的。人们睡眼惺忪，却没忘记给自己加一件大衣，有的人手里还提了一袋面包。他们互相依靠着，虽然一个哈欠接一个哈欠，但是都不敢闭上眼睛，生怕错过那可遇不可求的一瞬。当太阳从海平面上一跃而出，绛红色的光辉洒满大地时，游客们便知道：新的一天开始了。

上午，石螺口海滩的游人并不多。这个时候，沙滩的客人主要是岛上的居民，他们是来装扮这座沙滩的。

经过岛民的装扮，石螺口海滩变成了一个度假胜地——太阳伞、水上摩托、沙滩摩托、潜水器具应有尽有。这里满足了人们对沙滩的一切幻想：有细软的沙子，有被冲上岸的珊瑚石和碎贝壳，有太阳伞和椰汁，还有海鲜大排档。

蓝天碧水是对这里最好的形容词。天气好的时候，站在海边，人们就能清楚地看见随着海水上下摇摆的珊瑚和成群结队的鱼儿。

　　等一天快要过去的时候，人们又集结在这里等待落日。架好机器，坐在躺椅上，一边品尝海鲜一边等待落日的来临。相比于日出时的匆忙和疲惫，等待日落的人们更加悠闲。沙滩上的人虽然多，但是或许是随着日暮将近，人们都变得安静了，小贩也渐渐撤离，沙滩又回归到清晨时的宁静。

　　只有在太阳落下海面的一刹那，沙滩上才会响起人们的惊呼声。而后人群慢慢散去，或许是被刚刚的美景震撼，大多数人都没有说话，和同伴默默走在这片沙滩上。虽然每个人的想法都不一样，但是有一种念头出现的频率特别高，那就是：一定要再来这片沙滩看一看。

隐藏在海中的桃花源
——斜阳岛

从涠洲岛坐快艇出发，不到一个小时就可以抵达斜阳岛。

这是一座原生态的小岛，由于没有被开发，所以游客极少。斜阳岛被海洋包围，再加上这座岛是海底火山岩浆喷发冷却而成，因此人们很难在此开发便捷的码头和道路。

时至今日，岛上仅有一处客货运码头——灶门码头，能够让中型货运船和大型渔船靠岸。岛上也只有一条水泥路，能够让拖拉机和摩托车通行。渔民外出打鱼的时候，依旧要走火山岩石泥路。

因此，这里成了北海风光中的"沧海遗珠"。有时候，人们抱着探险的想法登上这座岛屿之后，却马上被它的美丽震撼了。夏天，远处的海面都下起雨来，唯有斜阳岛上依旧晴朗无云。人们甚至还能看到远处从云中伸向地面的强力旋涡，这是当地人口中的"龙吸水"。

天气好的时候，人们可以尽情地欣赏岛上的美景。这里到处都是高大的树木，若不是有渔民经过，游客可能会以为自己走入了原始森林中。当然，要是从远处看，斜阳岛就更美了，像一朵漂浮在海上的莲花。

吸引我们的不仅仅是岛上的自然风光，还有岛上的渔乡气息。清晨，如果起得足够早的话，你会看到提着吊桶和鱼竿向海边走去的渔民。

这里是钓鱼者的天堂。一位渔民告诉我们，即使是不会钓鱼的人，只要扎上海蟑螂，将竹竿抛在水里等鱼上钩就可以了。运气好的时候，一次可以钓到 3 到 4 条。

不过，游客和当地人的心情还是有所不同。游客享受着钓鱼的乐趣，而渔民则为能给一家人带来一顿新鲜的海鱼早餐而开心。

盛夏的时候，渔民会将早晨钓上来的鱼快速清理晒干，留一些鱼到涠洲岛贩卖，大部分自己食用。至于那些没来得及晒干的鱼，就成了岛上野猫的食物。这些野猫可是岛民的宝贝，每次钓上来的鱼总是有它们的一份。

吃饱了的游客和野猫，一起慢慢地散步到大树下，那里有几个岛民在树下乘凉闲聊。看见陌生的面孔后，岛民还会自来熟地拉着游客们讲斜阳岛的历史，即使有时候游客听不懂岛民的客家话。

和岛民们聊完岛上的历史，我们伴着漫天的繁星回到了自己的住所，躺在单人竹床上，享受海风带来的惬意，突然觉得在都市中生活的经历是很久之前的记忆了。

赏五彩斑斓的涠洲岛五彩滩

五彩滩，这个名字就惹得人们去游览了。

五彩滩是一个雄伟壮观的景点，近 1.5 千米的海岸线都耸立着海蚀崖。海蚀崖前面，是平坦宽阔的海蚀平台。起风浪的时候，这里就变成了大自然的演奏厅。巨浪冲击着悬崖，合着远处的雷鸣，人们可以听到大自然演奏的最华丽的乐章。

但是五彩滩并不是永远都是电闪雷鸣的。在风平浪静的时候，五彩滩也乐于向游客展现自己的美丽。要是你是一个美食家，一定能记住五彩滩的另一个名字——芝麻滩。因为沙滩上的黑色小石头如同撒在烧饼上的一粒粒黑色芝麻一样。

也许有些人来到五彩滩后，会觉得这个景点有名无实，因为他们只能在这里看到黑色的火山岩石，找不到绚丽多彩的岩石。其实，五彩滩的美丽隐藏在退潮之后。

等海浪退去，大片大片的火山岩便裸露出来了，狭小的海滩瞬间变得宽阔。虽然这里并不是深海，但是人们却有种深入海底窥探龙王秘密的感觉。

岩石上的青苔和海水在阳光的照射下，五彩斑斓，十分美丽。拍照是必不可少的，人们走入海蚀沟中，想要离这片蔚蓝的大海更近一些。海蚀沟中的石头很滑，总是有游客在这里滑倒，但是因为感受到了大自然最鲜活的气息，人们也变得愉悦了，摔倒后也会哈哈大笑。

也有人在这里"淘宝"，如果不能发现守护这片沙滩的虾兵蟹将，捡到绚丽多彩的贝壳也不错。这些贝壳是这片沙滩的"老人"了，不知道见证过多少次潮起潮落。也许，将这些贝壳放到耳边，人们还能听见大海演奏的乐曲。

小贴士

赏美景：这里是涠洲岛看海上日出的地方，日出时太阳血红却不刺眼，很是壮观。

美食：平常也会有岛民在附近摆摊烧烤，在大海旁边品尝烧烤，别有一番风味。

最鲜活的艺术品
——山口红树林

天清气朗之时，游览山口红树林自然保护区再好不过。

下车来到公园门口，我们就被眼前的情景深深吸引住了。这是一片望不到边际的绿海，让人仿佛置身于郁郁葱葱的绿色海洋中。往远处看过去，在绿海中若隐若现的游人，好像长出了尾巴，正在海中自在地游来游去。

然而，我们并不能跳进这片绿色的海洋中。因为绿树扎根的地方并不是美丽的海边沙滩，而是一片沼泽地。为了满足冒险者的好奇心，景区特意在观赏区的最下层铺砌了一条弯曲的小路。这条小路隐藏在稀泥中，稍不留神，人们就会在这条大青石铺砌的小路上滑一跤。

尽管如此，冒险者们依旧不愿意错过这种近距离接触红树林的机会。他们小心翼翼地走着，一边欣赏这难得的景色，一边思考如何绕开前面的泥泞路。但是无论是否会滑倒，他们的裤脚处总会沾染上泥水。但是他们并不会为这些污渍担心，因为这是他们冒险成功的标志。

　　当然，青石板路并不是游客的首选，中层的浮桥才是人们的最爱。走在浮桥上，人与树等高。这时，人们可以尽情地欣赏红树林裸露在外盘根错节的树根，似乎伸手就可以抚摸时间在这些大树上留下的痕迹。

　　行走于浮桥之上，人们身处于海洋之中的感觉就更加强烈了。浮桥由浮筒支撑，随着涨潮、落潮而升降。人在桥上走，桥身便微微晃动，如同乘着一叶扁舟在滔滔大海中航行。

　　过了浮桥，就是红树林深处了。我们租了一艘当地人的游船，向"海洋"深处驶去。这时，大自然的美丽就更为直观地展现在我们面前了。浮出海面的红树林千姿百态，有的像竹子一样傲然挺拔，有的盘根错节交织在一起。可是无论是哪一种，都是大自然展现给人们最独特、最鲜活的艺术品。

　　交通：在北海汽车总站乘坐北海—合浦的快班车，之后再转乘开往山口镇的班车，然后从山口镇坐摩的即到。

大海的魅力
——冠头岭国家森林公园

下车我们就感受到大海的魅力了。一个游客提着出海的收获——几条活蹦乱跳的白花鱼，喜滋滋地从我们身边经过。

这就是大海的魅力吧，我们加快了自己的脚步。北海的沙滩从不会吝啬于向他人展现自己的美丽，看着海浪留在沙滩上的裙摆，感受细沙和海水在脚趾中穿行，抚摸一块块奇形怪状的岩石，我们的心里不由得生出这样一个念头：什么也不做，只要闭着眼睛在这样的沙滩中走走停停就足够幸福。

当然，这里的海蚀平台和礁石也是不能错过的。一块海龟模样的巨石最为引人注目，在很多人眼中，海龟是吉祥和长寿的象征，所以这块酷似海龟的巨石也成为"祈福金龟"。

年纪稍长的游客，总要在这块巨石下双手合十拜一拜。在旁边的子女眼中，父母有些迷信，拜石头真的有用吗？然而虽然他们有些不情愿，却总是站在一边陪着。

这时，孙子、孙女就成了爷爷奶奶的忠实支持者。他们总会学着长辈的模样，闭着眼睛许愿。等爷爷奶奶念完了，他们就凑上前说："我刚刚也许愿了，不知道能不能实现。"老人们笑了笑，没有说话。孩子的心愿是否能实现？没有人知道，但是老人们刚刚许的愿望或许已经实现了。

不喜欢祈福也没关系，这里还有其他的风景。错落的礁石之间，藏着很多螃蟹和生蚝。有时候，人们甚至还能在积水坑里发现成群结队的鱼。

我们从旁边的小卖部买来铲子和小桶，准备在此大展身手。掌握了技巧和方法，螃蟹和生蚝的新家就变成了我们的小桶。这是一件费时间的事情，然而在此流连两个小时的我们却一点都不累，用友人的话来说："挖生蚝、捉螃蟹也是可以上瘾的。"

当我们提着自己的收获与跟着渔民出海打鱼的游客相遇时，我们突然能体会最开始那位游客的感觉了。即使我们才来这半天，却觉得自己已经变成了一个老渔民了。

来北海水产展览馆看美人鱼

人们好像对美人鱼情有独钟，以美人鱼为主角的电视剧、电影、动画片数不胜数。总而言之，只要看到"美人鱼"三个字，人们就藏不住自己的喜爱之情。

实际上，现实生活中的确存在美人鱼，它们的学名为儒艮，北海市水产展览馆就收藏有美人鱼。

在这里你会发现看上去沉稳的成年人的目光也会长久地停留在儒艮的标本上，更别提那些刚刚听过童话故事的孩子了。

不过这里的儒艮或许会让孩子们失望，因为相比于童话中美丽动人的美人鱼，儒艮的确算不上好看。这种海生哺乳动物因其觅食海藻的动作酷似牛，又得到了另一个别称：海牛。

海牛，当人们念它的这个别称时，它们就离美丽窈窕的美人鱼更远了。不过，还是有很多人在听到"美人鱼"这个称号之后，依旧忍不住为它拍照。或许，以海洋动物的审美观来审视儒艮，它就是"美人鱼"呢。

游览海底世界，感受海洋文化

来到北海，怎么能不去北海的海底世界呢？

海底世界位于北海海滨公园内，这里有超过三层楼高的鱼池，里面有深潜水表演；有国内最大、最高的压力大圆柱鱼池，数十种上千条美丽的蝴蝶鱼在大水池内百蝶争艳，色彩斑斓。让人们印象最深刻的，是极具特色的海底隧道。海底隧道分为三段，每一段都能看到不同的风景。

在第一段海底隧道，人们可以看到黑鲳、大苏眉、炮弹鱼等几百种鱼类，它们自在地在人们眼前游来游去。更为神奇的是，水中还静卧着一艘舰艇，这是仿造珍珠港事件中被沉没的"亚利桑那"号而造。这时，游客仿佛变成了海底的探险者，不小心走进了历史的尘埃中。

如果说第一段海底隧道会让人压低自己的声音，那么第二段海底隧道则会让人惊声尖叫。在这里，人们会看到正在喷发的火山，这只是一个火山模型，但是看到熊熊烈焰和滚滚岩浆的时候，人们依然会不自觉地担心附近的鱼儿们。

79

第三段海底隧道不会让人感到紧张了，但是相比前两段海底隧道带给人们像吃辣椒一样直接的刺激，这段海底隧道则会给人带来如同品味好茶一样无穷的回味。

在这段海底隧道中，人们会看到一座仿印加帝国古城建造的古城遗址。当看到曾经充满生活气息的城镇，竟然变成了鱼儿的乐园，游客不由得会有沧海桑田之感。更为有趣的是，在现实生活中，印加帝国古城遗迹又被称为"空中城市"，因为它建造于高山之上。可是，海拔的高低又有什么分别呢？都是人们的隐逸之所。

当然，这里不仅仅有海底隧道，海底世界的表演也同样精彩。这里每天都会举行表演，在这里，人们还可以看到人鲨大战表演。

此时，最兴奋的就是孩子们了，当演员与鲨鱼搏斗的时候，胆小的孩子或许会躲在父母的怀抱中，但还是会小声地为演员加油。而调皮的孩子，早已冲到最前排。仔细听，整个场馆都回响着他的加油声。

交通：市区有很多公交车抵达海底世界，比如乘坐3、9路公交车在海滨公园下车即可。

海底剧场表演时间：上午：9:10、10:00、11:00；下午：14:30、16:00。每天5场，每场50分钟。

返璞归真
——大江埠旅游风景区

位于北海市银海区银滩镇大江村境内的大江埠旅游风景区，又被游客称为野人谷。其实，大家不要因为这个名字就对其望而却步，这只是游客对大江埠旅游风景区的"爱称"。它属于生态型的风景区，在这里，人们还能看到多种民族的民风民情。

无论是疍家风情区中展示的疍家人独特的花船婚恋习俗，还是神秘聚落区中布朗族人表演的"舔火炭""自焚"绝技，土人的树上生活方式，原始森林部落的"水牢""旱牢"酷刑，都让人们感受到了在这片土地上多文化、多民族交融的美感。

让友人印象最深刻的，是景区中表演的祈福。虽然大家的家乡都不一样，但是在跳祈福舞的时候，大家仿佛变成了一家人，身边与自己挽手跳舞的陌生人仿佛变成了许久未见的亲人。

的确，来到这里，看见当地人用稻草、竹子、藤条、树皮、泥巴、石、杂木筑成的树屋、蘑菇房、猪笼屋、船形屋、首领房时，不由得会有种身处世外桃源的感觉，对外人的戒备心也会慢慢消失。

品味北部湾广场中的生活气息

在游客都往涠洲岛上跑的时候，北海市民却有自己的悠闲去处，这就是位于北海市区中心的北部湾广场。这座始建于1985年的广场，虽然建成的时间不长，却是北海人心中的挚爱。

　　每到周末的时候，这里就会开放音乐喷泉。喷泉的水花一高一低，惹得孩子们不自觉地走入喷泉池。当然，家长们总是会及时拉住这些调皮的孩子。孩子们当然不愿意轻易放弃，或许还会吵闹不休。

　　这时，聪明的父母总是能转移孩子的注意力。喷泉南面有一片绿色的草坪，上面盛开着各种各样的花，几只蝴蝶在花丛中飞来飞去。

　　蝴蝶好玩还是喷泉好玩？大概孩子们自己也没有仔细衡量过。不过，当父母将他们的视线引向这片草丛中，他们的眼睛里就只有绚烂的蝴蝶了。他们蹑手蹑脚地靠近那片草丛，却无奈地发现灵巧的蝴蝶早就发现了他们的意图，扇着翅膀飞远了。

　　让孩子远离喷泉之后，家长们也终于可以休息一下了。他们坐在小叶榕树下，悠闲自在地聊天。这时，平时像卫士一样守护北部湾广场的小叶榕树变成了一把大伞，为树下的人遮阴避雨。

　　当然，这里并不总是孩子们的天下。清晨或是黄昏的时候，这里成了阿姨们的聚集地。是的，她们是来跳广场舞的。有时候，也会有游客拿着相机为她们拍照，但是这些阿姨一点也不忸怩，依旧神情自然地挥舞着自己的手臂。这是个令人着迷的场所，因为在这里，人们能够看到这个城市最平凡、最自然的生活场景。

仙子驻足之所
——曲樟六湖水库

到曲樟六湖水库山水自然风景区寻找仙女，别有一番风味。

相传，当七仙女下凡的时候，曾经到这里下棋取乐。一次，一位名为吴道传的道士误入仙人洞，为仙女捡起了掉在地上的旗子。仙女为了感谢他，想传给他仙法。但是在仔细打量过他之后，仙女认为吴道传的尘缘太重，难以一心一意求取仙道。

于是，仙女让他修成"半边仙"。后来，人们纷纷来此寻找七仙女的痕迹。但是，当他们来到此地之后，只看到没有下完的棋盘，不见仙子踪影。虽然如此，人们还是将此命名为"仙人洞"，希望仙子某一天能够再次降临。

这里真的没有仙子吗？并不见得。此处山峦叠翠，湖水清澈洁净，景色宜人。泛舟于湖上，远远地看见客家姑娘在河边洗衣服。这些客家姑娘隐没在湖面上的雾气中，变得朦胧而梦幻。而当人们靠近堤岸的时候，她们又消失了，只留给人们一个背影，她们不就是生活在世外桃源中的仙子吗？

来北海外沙岛
品尝生猛海鲜

作为广西最大的海鲜集散地和中国最负盛名的海鲜餐饮区，外沙岛上的海鲜加工店铺琳琅满目，到处都是游客没见过的海鲜品种。因此，人们也将外沙岛称为海鲜岛。

外沙岛被称为海鲜岛的时间并不长，20世纪七八十年代，捕鱼为生的疍家人嗅到了商机。于是，有人在外沙岛开阔的沙洲上，搭起一座木竹为柱、油毛毡为顶的棚子，并取名为"疍家棚"。

老板在棚外摆放了几张餐桌，将出海收获的鱼虾，搭配着自己家酿的海鲜酒，低价出售。空闲的时候，人们三三两两聚在一起，来到外沙岛品味海鲜。一杯海鲜酒下肚，一天的烦恼也就被抛到了脑后。

这里的老板很实在，提供的海鲜总是当天捕捞的。有什么能比在海边吃海鲜更为惬意的事情呢？所以这里的生意越来越好。疍家人纷纷效仿，在沙洲上开起了经营海鲜的铺子。

到 20 世纪 90 年代初，外沙岛上的海鲜铺子已经有上百家，沙洲上到处都是海鲜大排档。那个时候，外沙岛上每天晚上都要接待乘坐豪车来吃海鲜的食客，来晚了的人还没有位置停车。

衣着简朴的市民，与手持大哥大的"大款"们坐在一起，分享着彼此的喜悲。每天晚上，这里如同婚宴似的热闹，也是北海一景。

如今，外沙岛依旧是游客们来到北海后一定要探访的地方。随便走进一家海鲜酒楼中，人们就仿佛置身于海洋生物展览馆中，黄鱼、鱿鱼、龙虾、基围虾、马蟹、梭子蟹……还有很多叫不出名的海洋生物，让人眼花缭乱。

人们随心所欲地挑选海鲜，然后交给厨师烹制。好奇心强的，可以到厨房监厨，看看厨师是如何烹饪海鲜的。当然，你也可以坐在紧靠大海的椰树底下，遥望出海归来的渔船。等海鲜上桌之后，将海浪拍岸的声音当做背景音乐，细细品尝货真价实的海鲜。

吃完海鲜之后，你还可以沿着椰树摇曳的沙滩散步，让海风吹凉自己因畅饮海鲜酒而发烫的脸颊，大概还会在心里想："没有比这更自在的旅行了。"

第四章

人杰地灵，北海名人备忘录

　　生活在海边的人，会有什么样的精神？其实，这个答案很简单：敢于拼搏、不惧强权、坚持真理。在从北海走出的名人身上，我们就能看到这种精神。

　　同时，北海人又是知恩图报的。对那些曾经为这片土地做出贡献的人，即使过了千百年，北海人依旧没有忘记。也许，只有在北海，人们才能感受"流芳百世"的意义。

89

合浦县『五廉』美誉的由来——费贻

北海市合浦县是秦汉时名郡，古时就有"五廉"之誉，即廉山、廉泉、廉江、廉垌、廉州。其实，合浦县"五廉"的美誉，来源于有史记载以来第一位合浦太守——费贻。

在没有做官之前，费贻就是一个名士。汉光武帝刘秀早就听说过费贻的大名，在建立东汉政权之后，多次派遣使者邀请费贻入朝。据史料记载，当费贻进宫面见刘秀时，刘秀说："朕早就希望你能入朝为官，今天能够见到你，真是天大的喜事。"随后，汉光武帝封费贻为合浦太守。

来到合浦之后，费贻立刻就发现了这个地方的弊端。所谓靠山吃山，靠海吃海，生活在海边的合浦人自然多以采珠为业。而这种生活方式必然会引发一个问题：农田荒芜，粮食缺乏。

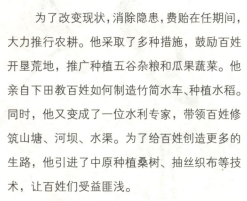

为了改变现状，消除隐患，费贻在任期间，大力推行农耕。他采取了多种措施，鼓励百姓开垦荒地，推广种植五谷杂粮和瓜果蔬菜。他亲自下田教百姓如何制造竹筒水车、种植水稻。同时，他又变成了一位水利专家，带领百姓修筑山塘、河坝、水渠。为了给百姓创造更多的生路，他引进了中原种植桑树、抽丝织布等技术，让百姓们受益匪浅。

费贻在合浦任上，还大力推行"政清刑简"，也就是执政清廉公正，各种规章制度少而精，要符合百姓利益。他身体力行，做了大量有益民生的事情。

没有人愿意看到这样一位清廉名臣离任。费贻任满离职之日，合浦郡的百姓攀辕百里相送，一直送到今公馆境内一座大山下方肯洒泪惜别。

在费贻离开合浦之后，当地百姓感念他的功德，便将惜别之处的大山称为大廉山，将山下的田垌称为大廉垌。后世又将流经合浦的南流江称为廉江，将城中的水井称为廉泉井。

唐朝贞观八年（634年），唐太宗因合浦有个大廉山，便将合浦改名为廉州，希望此处的官吏都能像费贻一样清正廉明。此后，合浦便有了"五廉"的美名，这是人们对费贻的纪念，也是后世对清廉勤政之风的向往。

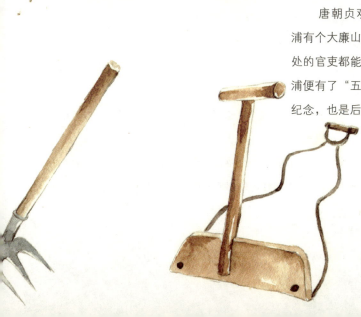

只带书童赴任的廉州知府
——徐柏

徐柏是明朝嘉靖年间的进士，在赴廉州任知府的时候，徐柏的身边只带了一个小书童。徐柏一个有能力又低调的人。在他任户部山西司郎中的时候，徐州沛河决口，工部尚书深知他的能力，便选用他赞襄疏导河水。而在他治理河道的六年间，河水甚少决堤，两岸的百姓安居乐业。

按理说，有这样的政绩在手，调任廉州的时候，徐柏应该更张扬一些。至少，他可以多带几个随从，或是雇几个轿夫，坐着轿子进城。

但是，当徐柏抵达廉州城下的时候，他只带了一个书童，牵了一匹马。而当他穿着布衣从高大的城门下走过的时候，从他身边经过的百姓可能想象不到，这个人就是自己新上任的父母官。

当他进入高大威武的知府衙门后，城中的官吏们都争着要给他接风洗尘。他却拒绝了这些官吏的"好意"，因为他极其厌恶官场逢迎。

廉州城新来的父母官有点"奇怪"，没过多久，这个消息就传遍了整个廉州城。听到这个消息，那些曾经与贪官污吏勾结的商贩们都关上了自己家的大门，因为他们担心新上任的知府会将"火"烧到自己头上。

不过在普通百姓眼中，这个廉州知府一点都不奇怪。徐柏到任后，大力发展农业商贸，开设商户珠市，时人这样描写廉州府当时的繁荣景象："阜市东来接海崖，市中烟火起楼台，几家竣宇相高下，无数征商处去来。"

徐柏得到了百姓的敬重和喜爱。离任时，廉州的百姓对他说："我们没有什么别的东西可以送给你，只能将此地的特产——珍珠送给你。"徐柏却谢绝了百姓的好意，说："上任的时候，我没有带任何东西过来，离任的时候也应该如此。我来担任廉州知府，我的所作所为应该与'廉州'这个名称相符才是。"

后来，人们把徐柏称为"一肩一仆太守"，以传诵他高洁的品行，并且在孔庙的七贤太守祠中祭祀他的神位，以警示后世为官者。

留下『合浦珠还』典故的清官——孟尝

合浦还珠旧有亭，使君方似古人清。沙中蚌蛤胎常满，潭底蛟龙睡不惊。

——陶弼

北海市合浦县盛产珍珠。现在，人们来到北部湾广场，看到广场上被三片贝壳围绕的黑珍珠雕塑后，就能知道，北海人对这个珍宝有多重视。也正是因为这个原因，东汉的合浦太守孟尝才一直被当地人记在心中。

东汉年间，合浦不生产粮食，但是海中出产珍宝。合浦与交趾接壤，因此常常互相通商，购买粮食。对贪官污吏来说，守着一片珍宝怎么能不动心呢？于是，当时合浦郡的官员命令渔民没有限度地采集珍珠。

由于官员们的贪婪，合浦的珍珠越来越少，而且逐渐转移到交趾界内去了。客商不再来合浦，人和牲畜都没有吃的，穷苦的人只能饿死在道边。当人们觉得生存无望的时候，朝廷派来了一位新太守——孟尝。

在一位想要为百姓做实事的官员眼中，真正的珍宝不是能够换取财富的珍珠，而是百姓安居乐业的情景。孟尝上任之后，制定了有利于老百姓的政策，并且厉行清廉勤政。不到一年，迁走的珍珠回到了合浦，百姓们也恢复了自己的本业，商贸开始流通。这就是著名成语"合浦珠还"的来源。

后来，孟尝因病辞官。在临行前，百姓们舍不得这样的好官，抓住他的车子，恳求他留下。最后，孟尝只得在半夜乘坐乡间小船离去。

或许，对普通百姓来说，对一位当政者最大的感谢，就是让他流芳百世。有"合浦还珠"这个成语还不够，人们要为他修建一座纪念亭。于是，海角亭诞生了。这座位于廉州镇西南面的纪念亭，建于北宋年间，已经有一千多年历史。

据说，当年苏东坡来合浦居留期间，观赏风物，探访民情，游览海角亭的时候，还特意留下了"万里瞻天"四个字。现在，这四个字已经做成了匾额，悬挂于亭内后门之上。而后人为了探访孟尝和苏东坡的遗迹，曾多次来到海角亭，现在亭内两侧壁上的诗文，就是当时文人来此一边浏览海角亭秀美景色，一边怀念孟尝和苏东坡时所作。

不向洋人低头的清朝官员——李经野

其实，李经野之所以来到廉州当知府，是受到了排挤。

清光绪五年（1879年），李经野中举，并于光绪九年（1883年）考中进士。这本是一件值得庆贺的事情，但是此时的大清王朝摇摇欲坠，外国侵略者虎视眈眈。此时，要么与贪官污吏同流合污，要么冒着被贬谪甚至被杀头的危险为百姓谋福利。

李经野选择了后者。光绪三十三年（1907年），李经野力主学习西洋的政体，建议皇上举行宪政，让当权者将其视为"眼中钉，肉中刺"，欲除之而后快。而后，袁世凯等人罗织罪名，联名参奏李经野，将李经野贬为廉州知府。

在当政者眼中，廉州地处边陲，地瘠民穷。将李经野调到廉州，可以好好挫一挫他的锐气。但是他们没想到，在贤臣名士的眼中，这个地区是否富有并不重要，重要的是这里是否能够实现自己的主张。

　　百姓不太富裕，李经野就豁免苛捐杂税，减轻百姓负担。廉州文化落后，他就大办文教，兴建学校。交通不太便利，他就集资重建廉州西门桥，并亲书"惠爱桥"。

　　也许在廉州这里待得久了，李经野也越来越像北海人，身上有海洋赐予的血性。当时，廉州的邮局由外国人秉政。一次，一位华籍职员工作失误，洋人老板竟然将其关了起来，要强行处理。

　　李经野知道后，挺身而出，亲自去邮局据理力争，要洋人交出此人，由中国处理。那位洋人老板看惯了中国官吏对自己卑躬屈膝的样子，没想到清政府竟然还有敢与外国人作对的官员。最终，他交出了那位华籍职员。

　　后来，李经野看透了清政府腐朽的统治，决定辞官归隐。离去之时，廉州的百姓送了他两把"万民伞"和一块"千人匾"，并将他的政绩载入廉州史册。

智退法国侵略者的总兵
——梁安真

北海是广西的海上门户。在清朝末年，清政府的国际援助主要是海上，大部分军火从北海运往京城。因此，在外国侵略者看来，如果能把北海作为突破口，就能在战争中取得主动权。幸而，北海总有值得信赖的将领守护，梁安真就是其中之一。

梁安真原是外沙岛上的疍民，当法国侵略者对我国沿海地区虎视眈眈的时候，梁安真被朝廷任命为"高廉雷罗四镇总兵"，主持北海防务。

1885年3月7日，法国侵略者单方面宣布军事封锁北海港。几日后，法国战舰闯入北海港，并且对外宣称，进出北海港的货轮客船都要接受其检查。看见这样的景象，百姓们纷纷逃散，北海港中轮船绝迹，对外贸易一度停顿，原来熙熙攘攘的街区空无一人。

法国侵略者的野心昭然若揭，守军忍无可忍。但是装备落后，而且朝廷又严厉禁止他们主动反击。怎么办？梁安真和几位协防将领商量出了一个对策：把法国侵略者吓跑。

　　农历三月下旬的一个夜晚，月亮隐藏在云层中，北海港格外寂静。突然，冠头岭至乾体海岸半径十华里海域内巨响动地，炮火点亮了海面，光焰经久不散。这是什么武器？法国侵略者很迷惑。同时，在炮火的照耀下，他们发现无数士兵像鱼儿一样朝法舰游来，还不时在水中发射"火铳"。

　　法国侵略者立刻用毛瑟枪反击，却发现子弹派不上用场。难道中国军队掌握了比鱼雷还厉害的水底爆破技术？停泊在北海港的法国军舰立刻起锚，向外海逃跑，北海这个门户得以安全。

　　原来，梁安真下令在士兵施放火炮的火药中，渗入了谷壳、木糠、生盐等物，所以发射的时候火焰格外耀眼，光芒持久不散。至于法军眼中的"敢死队员"，其实是瓦瓮盖上锅盖形的竹笠。

　　士兵将点燃的神香缚上爆竹插在瓮上，放入海中。退潮时，这些瓦瓮跟着水流向航道外泄，爆竹则不断发出响声和亮光。大概法国侵略者自己也没想到，中国人竟然会对自己使出空城计。

在故居中体会陈铭枢的爱国至诚

合浦县曲樟乡璋嘉村中，有一座中西结合式构造的建筑，就是陈铭枢的故居。现在，这座故居已经变成了一个展览馆，诉说着陈铭枢的事迹。

陈铭枢一生多病多难，尤其是童年遭遇相当凄惨。他自幼丧母，小时候患眼疾几乎瞎掉，眼疾好了后，又患烂头虱，满头血肉模糊，腥秽难闻。后娘过门后，更是受尽虐待，父亲听信后娘谗言，也不喜欢他。18岁那年他挨门乞讨到20个大洋，只身蹈海，赴广州投考黄埔陆军小学，1906年入黄埔陆军小学学习，加入了同盟会，与张竞生和邓演达并称为陆小三杰，后进入南京陆军中学。

1911年，武昌起义成功的消息传遍全国，当时就读于南京陆军中学的陈铭枢大受鼓舞，与同学轮流监视学校的武器库，随时准备起义。然而，当局早有防备，将武器库中的弹药全部运走。陈铭枢和同学们决心前往武昌，到前线参加战斗。从此，陈铭枢的革命之路开始了。

战争永远比人们想象的要残酷。时任战时总司令的黄兴将这批南京陆军中学的学生编为学生军，作为自己的亲随部队，对其他部队进行督战。这批刚刚从学堂中走出来的学生在经历了部队伤亡的惨状之后，有一半以上的人不愿意继续参加战争，只有陈铭枢、蒋光鼐等少数学生留了下来。

辛亥革命成功后，孙中山接见了陈铭枢，并保送他进入保定军官学校学习。毕业后，陈铭枢一步步成长为赫赫有名的"铁军名将"。

很多人不知道，在抗战史上写下浓墨重彩的十九路军，是陈铭枢一手栽培的。十九路军的前身是陈铭枢率领的北方军第10师，中原大战之后，这支部队被整编成十九路军，蒋光鼐为总指挥，蔡廷锴任十九路军军长，而将士基本上是北伐第10师的原班人马。

说到十九路军，人们最熟悉的应该是淞沪抗战。尽管陈铭枢不是十九路军的直接长官，但是他在淞沪抗战中起了领导和组织的作用，为抵御外来侵略者做出了杰出的贡献。

1931 年底，十九路军奉命抵达上海。当时，日军大举增兵上海，想在上海制造事端，进一步侵略中国。而以蒋介石为首的南京政府，却奉行"攘外必先安内"的政策，不止一次要求十九路军将剿灭共产党视为己任，不要与日军发生冲突。

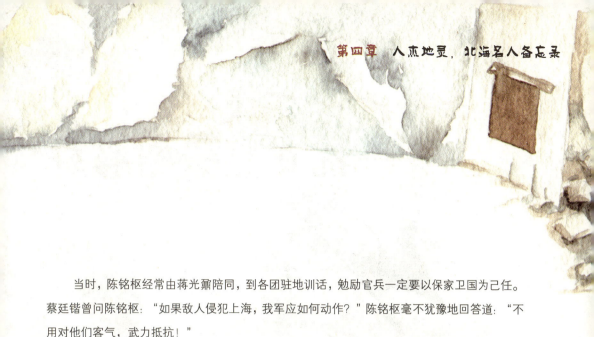

当时，陈铭枢经常由蒋光鼐陪同，到各团驻地训话，勉励官兵一定要以保家卫国为己任。蔡廷锴曾问陈铭枢："如果敌人侵犯上海，我军应如何动作？"陈铭枢毫不犹豫地回答道："不用对他们客气，武力抵抗！"

1932 年 1 月 28 日深夜，蒋光鼐、蔡廷锴接到日军向上海进攻的报告，随后给陈铭枢发出了一封急电。陈铭枢回电要他们继承十九路军的光荣传统，绝对不能向侵略者低头："此时唯有准备最光荣之牺牲，切不可轻做退后之辱也。"并表示立即来沪与袍泽共同赴难。

淞沪抗战打了一个多月，中方人力物力缺乏。当时南京中央政府似乎完全没有增援的打算，只有陈铭枢不断地为十九路军奔走呼号。即使他在因心力交瘁，卧病在床的时候，仍然对蒋光鼐说："唯盼兄与诸同胞尽力之所能及，以抗强敌而已！"

现在，人们在陈铭枢曾经生活过的房屋中，听导游讲解他的生平，才能够深刻地体会到陈铭枢的爱国至诚。

壮士一去兮不复还
——抗日烈士谢彩轩

风萧萧兮，易水寒，壮士一去兮，不复还。荆轲在易水岸边吟唱的这句话，表达了自己刺杀秦王时的悲壮情怀和不完成任务誓不回的坚定意志。或许，谢彩轩在上战场前也曾有过这样的感叹。

　　1898 年，谢彩轩出生于合浦县南康黄梢村。幼年时随父亲进入私塾读书，或许他本该成为一个文质彬彬的书生。然而，当他来到廉州中学读书之后，看到百姓深受战乱之苦，他决定投笔从戎，考入粤军西江讲武堂。以优秀的成绩毕业后，他迅速成为部队的骨干，开始了自己的戎马生涯。

　　七七事变爆发后，日本侵略者狂言三个月灭我中华。当时，谢彩轩正在合浦县军垦区任上校主任，本可以不上战场。但是，国家兴亡，匹夫有责，更何况一位为了改变中国命运而弃笔从戎的军人呢？于是他毅然辞去了主任的职位，请缨抗日。虽然当时他已身患疟疾，但是抱着"壮士一去兮不复还"的心理，他走上了战场。

　　1937 年底，他奉命参加南京保卫战。12 月 12 日，谢彩轩奉南京守备司令唐生智的命令，组织全军突围。当晚，他指挥官兵从天平门冲出，打退了围城的敌人，并向前推进了十多千米。深夜，他们来到了中山陵以东的麒麟门镇，与敌坦克主力遭遇。谢彩轩不顾自己的安危，冲在最前面，希望为后续部队和友军杀出一条血路。

　　这是一场恶战。谢彩轩的部队与日军激战整夜，杀声震天，双方伤亡惨重。而谢彩轩也在这次战役中中弹牺牲，时年 39 岁。

舍弃富贵生活的战士

——陈铭炎

1911 年，陈铭炎出生于合浦县豪屋村。他家境富有，与著名爱国将领陈铭枢同宗。陈铭炎一直被父亲寄予厚望，在进入中山大学学习前，父亲叮嘱他要好好学习，以后"光宗耀祖"，并且写信给陈铭枢，让他"多多关照"自己的儿子。

然而，进入大学后，陈铭炎并没有如父亲所想。他结识了进步学生曾生，并且接受了先进的思想。

1936 年，陈铭炎从中山大学毕业。此时，陈铭枢想要聘他为县长。但是陈铭炎却表示自己不想做官，拒绝了陈铭枢对自己的"关照"。因为他已经加入了中国共产党，投身于抗日洪流中才是他想要做的事情。

　　战争永远比人们想象的要艰难。陈铭炎不仅要躲避日寇的"扫荡"，还要发展抗日力量，领导百姓进行抗日活动。他以学校作为阵地，组织附近的教师，成立了"教师联谊会"。

　　白天的时候，他在学校里教书。到了晚上，他在学校办夜校，教大家时事、文化，并且为百姓表演《放下你的鞭子》《东洋鬼子》等活报剧。此后，一大批进步教师加入了中国共产党，抗日的队伍逐渐壮大。

　　在这段艰苦的岁月中，陈铭炎向人们展示了自己的聪慧和勇敢。那个时候，部队弹药匮乏，陈铭炎就以糖业商人的身份，将一万发子弹藏在糖缸中，成功地将这些弹药运到了大岭山抗日根据地，顺利地支援了抗日部队，粉碎了敌人的"万人大扫荡"行动。

　　然而，向往新社会的陈铭炎却没能看到新中国成立。1945年8月15日，他从电台中得知，侵华日军已经宣布无条件投降。为了将这个喜讯告诉各级党组织，他带着两个交通员连夜奔赴东莞。没想到，在途经东莞清溪三十峰十二崛时，碰上刚起义过来的部队，交通员不知底细与之交火，陈铭炎不幸中弹遇难，年仅34岁。

将先进思想带给学生的张九匡

如果没有出生于战火纷飞的年代，张九匡或许是一个桃李满天下的老师。

1917 年，张九匡出生于合浦县白沙圩镇一个农民家庭中。他从小就喜欢读书，在同伴趴在地上玩石子的时候，他总是捧着自己的书本。

小学毕业后，张九匡考入合浦五中。在这里，他接触到了很多进步书籍。或许，正是因为在书中看到了中国光明的未来，所以他毫不犹豫地接受了马列主义理论，加入了共青团。

中学毕业之后，他由组织安排到合浦五中做图书管理员，与张进煊、何世权两人一起开展地下工作。合浦五中不大，中学和小学加起来只有三四百人。虽然人不多，但是张九匡深知，只有让孩子们接触到更先进的理论，才能改变他们的落后思想，为中国培养人才。

一次，校长派人在广州买了一批抗日进步书刊。张九匡很兴奋，他将书籍按内容整理好，工工整整地摆放在书架上，然后拜托校长作动员报告，号召同学们来图书馆里看书。

　　世界上大概没有人不喜欢读书，若真的有，也是因为之前没有遇到好书。图书馆中的进步书籍受到了同学们的欢迎，以前很少有人拜访的图书馆变得热闹起来。为了帮助同学们更好地理解书中的内容，张九匡组建了读书会。他为同学们讲故事，并且在读书会上介绍抗日救国新书。

　　同学们很喜欢这个老师，不少中学部的学生都主动加入读书会。因为大部分学生都说客家话，与老师交流有些困难。张九匡便主动承担起讲课的任务，其他的老师则负责指导同学们写作。参加读书会的人越来越多。每隔一两个星期，同学们就聚集在图书馆中，讨论阅读新书的心得。

　　虽然张九匡在 26 岁的时候就壮烈牺牲，无法看到自己桃李满天下的情景。但是或许连他自己都没想到的是，他带给同学们的进步书籍，在无意中点燃了同学们心中革命的火把。虽然这些只能算作革命的小火星，但是星星之火，终会成燎原之势。

平易近人的谢老总
——谢焕廷

1905 年，谢焕廷出生于北海市合浦县，长大后就读于广东省农业专门学校，新中国成立后在广东省农（林）业厅工作，曾任农业工程师、厅技术委员会副主任等职。或许对北海人来说，这位农业专家并不出名。但是在广东人心中，谢焕廷却是他们最熟悉的北海人之一。

自从在广东省农（林）业厅工作以来，谢焕廷一直致力于提高广东省水稻产量。20 世纪 60 年代初，谢焕廷提出用塑料薄膜覆盖育秧的概念，并总结出一套塑料薄膜覆盖育秧的实用技巧，为推广尼龙薄膜育秧作出了重要贡献。

谢焕廷虽然是专家，但是从不以专家自诩。他非常重视群众的经验，总是往田地里跑，和农民交谈，虚心倾听农民的建议。最开始，人们都把他当做一个普通的农民。但是时间一长，大家就都知道，这个黝黑的、和蔼可爱的中年人其实是农业专家。不过谢焕廷不喜欢别人称他为"老总"，他更喜欢年轻人唤他一声"叔"。

或许，对普通百姓来说，房屋是否高大，街道是否整洁，都比不上能否吃一顿饱饭重要。因此，虽然谢焕廷已于 1970 年因脑出血去世，但是人们仍然无法忘记这位平易近人的谢老总。

替人们负重前行的英雄
——林德先

常有人说，你之所以能够生活得轻松愉快，是因为别人在替你负重前行。在一个家庭中，为孩子遮挡风雨的是看似无所不能的父母。而在一个国家里，为人们遮挡风雨的就是一个个平凡的战士。林德先就是其中之一。

1949 年，林德先出生于合浦县的一个普通家庭中。1965 年，年仅 16 岁的林德先参加了党江乡圩镇大队基干民兵组织。党江乡是沿海地区，在 1965 年至 1968 年间，战备巡逻值班任务非常繁重。为了练好本领保卫国家，林德先积极参加大队民兵军事训练，是民兵训练的积极分子。

有一次，晚上 10 点多钟，天上下着大雨，大队民兵营部有一封急件要送到离大队部较远的马头村，林德先知道后，主动请缨去送信。当他完成送信任务回来时已是下半夜了。

1968 年，林德先应征入伍。每次他回家探亲时，都主动协助当地武装部组织民兵搞军事训练，指导民兵掌握射击、投弹技术，还同民兵们一起挖防空射击战壕，参加家乡的公益义务劳动。

1979 年，中越边境自卫还击战打响。林德先所在的连是主攻的队伍，奉命攻占"长条山"。清晨，副连长林德先带领战士们向长条山发起攻击，然而他们踩中了敌人埋伏的地雷，林德先的左小臂被炸得血流不止，露出了骨头。

战士们要用担架把他抬下去，但是他坚定地说："我是指挥员，决不能轻易下火线。"说完，他简单地包扎了伤口，用三角巾将受伤的左手挂在胸前，继续战斗。经过一个多小时的激烈战斗，他们顺利地拿下了 3 号高地。战士们见他伤得很重，衣服上染满了鲜血，纷纷劝他下火线休息一下。可是，林德先依然坚定地回答道："不需要管我，搜索敌人要紧。"

搜索完毕后，林德先准备带战士们返回 3 号高地，这时一个命令传来：继续攻打 4 号高地。接到命令后，林德先没有丝毫犹豫，而是转头大喊道："同志们，跟我上！"然而，在攻占 4 号高地的时候，林德先被敌人的机枪打中，壮烈牺牲。

在牺牲之前，林德先烈士在想什么？或许，他在想自己刚出生没多久的女儿。在参加对越自卫还击战之前，他随同部队途经家乡。当时，正好是他的女儿出生 40 天的日子。然而，为了按时到达部队指定目的地，林德先放弃了和女儿见面的机会，只是在经过南宁的时候为女儿挑选了一套衣服，并且托战友带回家。

从未和自己的女儿见上一面，这也许是林德先最大的遗憾。但是，他留给女儿的，不仅仅是一套衣服，还有英雄不朽的精神。

第五章

物华天宝，富饶的滨海之城

这里是被上天宠爱的地方。北海水好、土好、风景好，似乎不需要再争论。所谓"一方水土养一方人"，这所美丽的滨海之城，不仅养育了勤劳的北海人，还孕育了许多带有海洋气息的物产。

其中，在几千年前就被中国人奉为无上至宝的南珠，就产自于这座城市；全国最贵的荔枝——香山鸡嘴荔枝，也生长在这里；最能代表海鲜风味的穿竹鱿，也源于此地。

饱满圆润的南珠
——合浦珍珠

有一句说得好："东珠不如西珠，西珠不如南珠。"南珠，指的就是北部湾出产的珍珠。

合浦采珠的历史源远流长。早在2000多年前的秦代，合浦就有人从事采珠业。那个时候，渔民无意中发现了这种饱满丰润的珍宝，当他们将南珠拿到集市上贩卖的时候，商人们惊奇地发现，这种珍珠比他们看到过的珍珠个头更大，也更加饱满圆润。于是，他们纷纷与渔民约定，等下次来到集市的时候，一定要带南珠过来，并且许诺高价购买这些珍珠。

洁白无瑕、璀璨夺目的珍珠，自然成了达官贵人追捧的物件。到了汉朝，合浦生产的珍珠变成了贡品。据记载，自东汉起，历代皇帝都会派内监到合浦廉州监守珠池，开采珍珠，以满足皇室的需求。

当时，贵族女子最喜欢将珍珠磨成粉末。据说这样可以保证容颜不老。其中，南珠最受这些官家小姐的欢迎，因为自古就有"珍珠入药，以南珠为上品"之说。

现在，人们来到距北海市 30 多千米的营盘镇白龙村时，还能看到一段高 2.6 米的城墙墙心，以及新中国成立后政府修建的仿古建筑——珍珠亭，这里就是古代的白龙珠城。

古时，朝廷在北海设立珠场，在合浦白龙村剖贝取珠。因为珠贝壳可以堆成城墙，所以人们又将白龙村称为"白龙珠城"。明朝洪武七年（1374 年），朝廷在白龙村建造城池，此地就变成了"白龙城"。据记载，当时城中设置了采珠公馆、珠场司，城中随处可见采珠的渔民。走入城中，残贝散落，遍地皆是。更神奇的是，城墙内外砌火砖，中心每隔 10 厘米就夹一层珍珠贝壳，因此，白龙城又被称为珍珠城。

虽然现在人们已经无法欣赏白龙城中采珠的盛况，但是合浦的"珠乡"之名早已深入人心。来到北海，又怎么能不去看合浦的珍珠呢？

养活一代又一代北海人的沙虫

第一次去北海旅游的人，或许都会得到这样的推荐："去吃沙虫吧！"而当游客兴致勃勃地来到餐馆时，却不愿意再尝试：这种长得像肠子的虫怎么下嘴？

其实，别看它的长相不招人喜欢，实际上它养活了一代又一代生活在海边的北海人，也是北海人心中最能代表当地美味的食物。

一位老伯对我们说："小时候，我爸爸经常拿沙虫回家。最开始的时候，看见它的模样我就吃不下去，每次都趁父母不注意的时候扔掉。那个时候，家里没有钱买零食，母亲偶尔会给我们炸一盘沙虫解解馋。看见哥哥姐姐吃得陶醉，我也试着咬了一口，才发现沙虫香脆可口，十分美味。"

当接受了沙虫的模样之后，挖沙虫就变成一件乐事了。老伯说，小的时候，他会叫上几个伙伴去挖沙虫。"刚开始的时候，我们还以为挖沙虫是很简单的事情，结果忙活了半天都没有挖到一条沙虫。问过父亲之后，我才知道，就跟抓沙蟹一样，挖沙虫也要选择合适的水情。我们要根据潮汐的变化来选择合适的时机，有时候是早上，有时候是下午。"

根据老伯的描述，我们的脑海中浮现了一幅动人的画面：几个男孩在沿海滩涂边翻翻找找。平时调皮捣蛋的孩子，此时也变得专注而安静。赤着脚的孩子们，被石子刮伤了也一声不吭。只有在挖到沙虫的时候，这些孩子才会兴奋地叫出声。孩子们开心地带着自己的收获回家，油炸也好，煲汤也罢，自己挖出来的沙虫总是格外鲜美。

后来，孩子们渐渐长成了大人，挖沙虫也不再是一项娱乐活动，而变成了维持生计的方法。但是，沙虫鲜嫩可口的滋味却一直没有改变，只是当时吵吵闹闹的孩子们变成了微笑着看家人吃沙虫的父亲。也许，这就是北海人将沙虫当做北海代表菜肴的原因，因为它早已成了一代又一代北海人餐桌上的记忆。

涠洲岛上的
"后宫之主"
——火山岛香蕉

若是在涠洲岛上走一遍，你便会发现岛上大部分的土地都种植了两种水果：香蕉和木菠萝。木菠萝虽然受到岛民的欢迎，但是与香蕉一比，木菠萝只能算是个比较受宠的"妃子"，香蕉才是"后宫之主"。

由于岛上都是火山土，所以岛民在种植的时候，很少使用化肥和农药，种植出来的香蕉格外香甜。为了与其他的香蕉区别起来，人们给它取了一个有趣的称号——火山岛香蕉。

因为这里的土地和气候适合香蕉的生长，所以岛民一年四季都在种植香蕉。春天，正是百花齐放的日子，岛民也准备出门踏青。不过，他们眼中最美的风景，就是门前、路边的香蕉树。踏青归来，还能在路边买上一串香蕉。

夏天，涠洲岛的游人最多。涠洲岛的香蕉香甜美味，而且价格也非常便宜，自然成了游客不能错过的美食。这时候的岛民也是最忙的，他们忙着将香蕉运到市场里，忙着对游客讲述涠洲岛种植香蕉的历史。

　　有些游客想尝新鲜，便直接到香蕉园中摘香蕉。这有点像"农家乐"，不过摘香蕉可比摘草莓、樱桃费劲多了。

　　秋天，正是各种果实成熟的季节。岛民要收割农作物，本来已经非常疲惫，而香蕉偏偏还要在这个时候捣乱——这个季节，也是香蕉的高产期。不过，想到自家今年又丰收了，岛民的疲倦也随着滴落的汗水而远去。

　　冬天，是万物休养生息的日子，那些平日里在香蕉林中奔跑的小生灵们，此时也躲在自己的巢穴中，沉沉地睡去了。但是涠洲岛上的香蕉依然生机勃勃，虽然产量没有夏秋那么多，但是如果人们想要吃新鲜的香蕉，也只需要去自家的香蕉园里摘一串。

肉质芳香、口感绵软的涠洲菠萝蜜

菠萝蜜是涠洲岛的特产之一，在岛上的每个村庄、每户庭院，都可以看到大片的木菠萝林。甚至有人说，要在菠萝蜜树下拍张照片，才能证明自己来过涠洲岛。

因此，你不用费心寻找菠萝蜜树，没准在你下榻的宾馆或农家乐中，就有好几棵菠萝蜜树。若你和农家乐老板成为朋友，或遇上一个大方的老板，那么你就能够享受随便吃菠萝蜜的乐趣了。躺在树下的摇椅中，闭上眼睛，对着树上的菠萝蜜"点兵点将"，随便选择一个，就像贪玩的皇帝选美人一样，也很有意思。

你无须担心选中的菠萝蜜没有滋味，因为正如送到皇帝面前的美人都是经过千挑万选一样，你眼前的菠萝蜜都是经过老板认证过的——它们都是成熟的菠萝蜜。

　　不过，或许在它被端到你面前时，你便会忘记刚刚的担忧。涠洲菠萝蜜香气浓郁，就像那身怀异香的女子，虽然你不了解它，但还是会立刻被它吸引，因为那神秘的香气就让人魂牵梦绕。如此香气四溢的水果，即使不够美味又有什么关系呢？要是不好吃，就放在屋子里当香薰，有的人甚至会这样想。

　　不过将涠洲岛菠萝蜜当香薰未免有点暴殄天物，因为它的内在——味道比外在更美。有的地区的菠萝蜜口感清脆，涠洲岛的菠萝蜜则更加温和，它口感绵软，没有一点攻击性，看似没有任何存在感，却让人忍不住伸手去拿剩下的果仁。

　　刚刚来到舌尖时，涠洲菠萝蜜会展现出自己最甜美的一面，让甜味在口腔里弥漫开来。正当人们以为菠萝蜜像一个只会微笑的甜美少女时，菠萝蜜毫无预料地变幻了自己的面孔——由一个乖乖女变成酷帅的少年。丝丝酸意从甜味中挣出身来，在口腔中攻城略地，不一会就举起了胜利的旗帜。

　　人们无法适应这刹那间的风云变幻，正想放弃品尝时，甜味又夺回了自己的主导权。人们细细品味那股弥漫开来的香味，觉得刚刚的一切就像一场梦。

　　涠洲岛的菠萝蜜总是叫人难以忘怀，即使只吃了几个果肉，菠萝蜜的香味也会长长萦绕于舌尖，久久不散。若是不过瘾的话，还可以请教农家乐老板，让他告诉你烹饪菠萝蜜核的方法。

小贴士

  涠洲岛还会贩卖一种听上去像菠萝蜜亲戚的水果：海菠萝。
需要注意的是，海菠萝不仅味道远远不如菠萝蜜，还是一种带有
毒性的热带水果，不会处理的食客很容易中毒，出现肚子疼、腹
泻等症状。因此，你若在涠洲岛上看到这种水果，可不要相信不
法商贩的宣传，还是对它抱着"不可亵玩"的态度比较好。

敢吃仙人掌果才算是勇敢者

涠洲岛夏无酷暑，冬无严寒，还是广西地区最少雨的地方。在这里，人们可以品尝很多种在北方很少见到的热带水果。

然而，即使涠洲岛的岛民已经见过了"大世面"，仙人掌果在他们看来依旧稀奇。

仙人掌果，顾名思义，生长在满是硬刺的仙人掌上。而果实本身也继承了"母亲"的优良传统，外面布满了长长短短的尖刺。此外，果实里还有一个大大的三角刺。

这样的水果，又有谁敢吃呢？人们也许动过品尝里面果实的想法，但是在看到它尖细的刺之后，就又将探出的手收回去了。

仙人掌果成了动物的美食。贪吃的鸟儿并不害怕仙人掌的尖刺，它们啄穿了外面的壳，吸食里面甜美的汁水。

当然，也有敢尝试的人，他们大多数是孩子。不过孩子们并不是嘴馋，而是为了探险。

"敢吃仙人掌果的人，才是真正的勇敢者。"于是，仙人掌的美味被孩子们发现了。大人或许会阻止孩子们尝试仙人掌果，但是当他们品尝过这种水果之后，马上也被仙人掌果俘虏了。

人们对美食的热情是难以想象的。若是这种果子足够美味，即使外面长着尖细的刺，人们也依旧能想出办法，来吃到里面的果肉。

当游客来到涠洲岛游玩的时候，看见大街小巷写着"仙人掌果"的水果摊时，可能会有点诧异。因为在水果摊主的手中，仙人掌果不像传闻中那样可怕。如果游客要品尝，老板不仅会将外皮的果刺弄得干干净净，还会把尖锐的果壳弄出来。

再加上仙人掌果的价格又非常便宜，花几块钱，就可以吃到一大袋酸甜可口的仙人掌果，所以仙人掌果成了涠洲岛上的新宠也就不会让人感到奇怪了。

吃仙人掌果是有讲究的

仙人掌果冰：将仙人掌果的果酱，冰凉后再加入碎冰。喜欢吃冰淇淋的人，还会在上面加上一勺水果口味的冰淇淋，冰凉中的酸甜滋味，让人回味无穷。

仙人掌果沙拉：挖出仙人掌果的果肉，切成小块，将其与切好的生菜和西红柿、生火腿片搅拌，最后放入橄榄油、沙拉和喜欢的拌料，是减肥者的最佳选择。

仙人掌果茶：将果肉切成小粒，倒入温开水，根据自己的口味放入适量的蜂蜜，就是男女老少都喜爱的仙人掌果茶了。

藏在涠洲岛的海产八珍之一——海参

海参虽然丑陋无比，却因"其性温补，足敌人参"而成为中国海产八珍之一，一直是中国人心中的上乘佳肴。于是，人们来到北海涠洲岛后，总不会忘记品尝这一珍品。

想要品尝海参，最常见的方法是去涠洲岛水产市场挑选海参，然后拿到附近的海鲜酒楼加工。不过这一方法虽然方便，却容易让人和最原始的滋味擦身而过。因为身处水产市场的海参，就像动物园中的动物，虽然与生活在野外的兄弟长得一模一样，但是早已失去了野性。

因此，越来越多的人喜欢跟着渔民出海打鱼，去海参的老家——大海寻找这种美味。游客带着一种"闯关冒险"的心态走上了渔船，不过他们立刻就发现自己并不是冒险故事的主角，充其量是个为主角加油的路人甲。

海参性格内向，不喜欢和人类打交道，一般生活在水深 21 米到 150 米的海域。人们必须潜入海面之下才能找到它们的身影，这可是件技术活，没有任何经验的游客容易出事故。因此，游客能做的就是趴在船沿上，看着被渔夫溅起的水花慢慢归于平静。

对经验丰富的渔夫来说，捉海参并不是件难事。虽然海参有点狡猾——遇到危险时会把内脏吐出来迷惑敌人，自己趁机逃跑，2个月后再长出新的内脏，但是它们也只会这一种方法，若渔民不上当，它们只能乖乖进入渔民的鱼篓。因为它们不会游泳，爬行相当缓慢，的确不是渔夫的对手。

船上的游客等了许久，等到自己忘记海参开始担心水下的渔夫时，终于看到渔夫浮出海面。渔夫的收获满满，但是他们没时间和游客分享喜悦，因为海参离开水后会加速消瘦，最后融化成水，渔夫必须用盐和矾维持海参的体型。鲜活的海参携带病菌，所以游客不能迎着海风品尝这种美味。不过游客并不在乎这个小遗憾，因为只要能品尝到野生的海参，等多久都值得。

味道鲜美的绿色食品
——合浦文蛤

文蛤并不属于珍稀贝类，相反，文蛤的地理分布很广，是我国沿海从南至北都有的经济贝类。但是，在文蛤爱好者的眼中，合浦文蛤格外特别，因为这里出产的文蛤比其他海区的文蛤个头大、品质好。因此，有食客千里迢迢来到这里，只为品尝个大肉嫩的合浦文蛤。

　　看到食客们专门赶来合浦吃文蛤，当地人有些不理解。一位老合浦人对我们说："以前，在海堤下几百米的浅滩里，到处都是文蛤。有时候，人们赤着脚在沙滩上散步的时候，都能踢到文蛤。所以，想吃文蛤根本就不需要这么麻烦，馋了到沙滩上找就可以了。"

　　当然，现在走在沙滩上，并不能找到伪装成"石子"的文蛤，因为合浦文蛤已经进入人工繁殖阶段。

　　不过，美食家们也不用担心人工养殖会破坏文蛤的鲜味。这里虽然"养殖"文蛤，但也只是将本地文蛤和引进的文蛤圈了起来而已。人们不会给它们投放任何饲料，纯属"殖而不养"。所以，打开自己的胃口，尽情品味合浦文蛤的美妙滋味吧。

用一首诗来了解北海的龙眼

其实，用一首诗来了解北海龙眼足以："龙眼与荔支，异出同父祖。端如甘与橘，未易相可否。异哉西海滨，琪树罗玄圃。累累似桃李，一一流膏乳。坐疑星陨空，又恐珠还浦。图经未尝说，玉食远莫数。独使皱皮生，弄色映琲姐。蛮荒非汝辱，幸免妃子污。"

这是苏东坡所作的《廉州龙眼质味殊绝可敌荔枝》。元符三年（1100 年），苏东坡获赦北归。在廉州小住时，合浦郡守刘几仲用当地特产龙眼款待这位大文豪。苏东坡品尝过龙眼后，对其赞不绝口，即席写下了这首诗。

很多人都知道，苏东坡在被贬惠州时，格外喜爱当地的荔枝，并写下了流传千古的名句："日啖荔枝三百颗，不辞长作岭南人。"而当他来到北海后，认为龙眼质味殊绝，味道不输荔枝，可见北海龙眼的美味。

而"坐疑星陨空，又恐珠还浦"一句，更是将龙眼与北海的珍宝——珍珠相提并论。的确，对美食家来说，香甜可口的龙眼似乎比珠圆玉润的珍珠更加珍贵。

当然，对北海人来说，相比于被奉为至宝的珍珠，龙眼这种珍宝似乎更加平易近人。北海的马路上种了很多龙眼树，临近 7 月的时候，看到果实挂满枝头，闻到满街的龙眼香气时，人们便知道：今年又是一个丰收年。

最后一句"蛮荒非汝辱，幸免妃子污"，更是巧妙地将龙眼与杜牧的"一骑红尘妃子笑，无人知是荔枝来"联系在一起，看上去好像是在将龙眼与荔枝作比较，实际上是对当时北宋朝廷的思考。苏东坡抵达北海时，已是多次被贬，然而他虽然远离权力中心，却一直关心朝廷中的是与非。

　　然而，朝代更迭，杨贵妃也好，北宋年间的更新变法也罢，都成了史书中的文字，变成了由后人评说的传奇故事，只有龙眼的香气依旧在历史的轮回中飘荡。

全国最贵的荔枝——香山鸡嘴荔枝

有人说，全国最贵的荔枝应该是合浦县香山村的鸡嘴荔枝。当地人告诉我们，荔枝成熟的季节，广西壮族自治区的荔枝零售价普遍是每千克4元，但是香山村的鸡嘴荔枝却可以卖到每千克200元。

这里的鸡嘴荔枝真的这么名贵吗？看见我们有些怀疑的模样，当地人对我们说："当年毛主席也吃过我们这里的荔枝，还写信称赞过鸡嘴荔枝呢！"

这件事是真实的。20世纪50年代初，一位烈士的家属曾经将鸡嘴荔枝送给毛主席品尝，还得到了中央办公厅秘书局回信赞誉。现在那棵荔枝树还能结果，结出的果子依旧香甜可口。

在民间传说中，香山鸡嘴荔枝的来历颇有些"妙手偶得"的感觉。相传，明代末年，广东增城的一位官吏到外地做官，骑马经过香山村。由于天气炎热，他便吃了几颗从家乡带过来的荔枝解渴。吃完后，他将荔枝核随意丢在路边的粪坑中。没想到，在第二年，粪坑中竟然长出了几株荔枝树。

　　几年后，这几棵荔枝树开花结出果实。路过的人，看到树上又红又艳的荔枝，也曾想要摘下来品尝一番，但是闻到粪坑的臭味之后，就把这种想法打消了。毕竟从粪坑中长出的荔枝怎么会好吃呢？后来有人把粪坑填平，村民才敢摘下来品尝。没想到，生长于粪坑的荔枝竟然"出淤泥而不染"，清甜中带有微香。

　　等到来年，荔枝成熟之际，村民们将其拿到集市上贩卖。没想到，这种荔枝大受欢迎，被一抢而空。从此，香山村的荔枝出名了。

　　既然出名了，就要有自己的名号，应该给它取个什么样的名字呢？这时，一位村民说："这种荔枝的果核这么小，而且形状有点像鸡嘴，不如就叫它鸡嘴荔枝吧。"

　　村民们听后纷纷点头，觉得这个名称既点出了荔枝的特色，又让人印象深刻。于是，鸡嘴荔枝之名就叫开了。又因为它产自于香山村，所以人们又将其称为"香山鸡嘴荔枝"。

可赛山珍海味琼浆玉液的黄皮果蔗

3米多高的甘蔗根粗节疏，在阳光的照耀下，甘蔗金色果皮散发淡淡的光彩。这就是北海人口中"可赛山珍海味琼浆玉液"的黄皮果蔗。

当人们来到合浦县白沙镇草江、龙江一带时，不难发现一片金黄色的蔗林。若不是黄皮果蔗耀眼的光泽，人们很可能将这片甘蔗林看作竹林。

友人笑称，此地最适合隐居。和朋友小酌几杯，然后沿着田间的小路散步，除了美丽的田园风光，还有淡淡的甘蔗香气陪伴左右，真是再惬意不过。如果家中种有甘蔗林就更好了，自己不仅可以欣赏黄皮果蔗如竹子一般挺拔的身姿，每年11月还能品尝清香甘甜的甘蔗。

每到甘蔗成熟的季节，白沙镇居民都会互相分享自家的黄皮果蔗，交流种植经验。孩子们则围在一起大快朵颐，争着抢着说自家的黄皮果蔗最甜。不知道，有多少孩子的蛀牙，是源于这一小节黄皮果蔗？

黄皮果蔗在白沙镇已有上百年的栽培历史。当地人告诉我们，白沙镇依山傍水，气候温和，是黄皮果蔗的理想家园。其他的地方要想栽种黄皮果蔗，还要等老天爷心情好的时候，但是他们完全不用担心气候。

如今，白沙黄皮果蔗走俏于市场。每到甘蔗成熟之际，批发商们就会来白沙镇采购黄皮果蔗。还有村民自己开起了网店，订单纷至沓来，黄皮果蔗总是供不应求。毫无疑问，这种金灿灿的甘蔗已经成了村民眼中的"黄金蔗"。

最能代表北海海鲜风味的穿竹鱿

来到北海，怎么能不带一包"穿竹鱿"回去呢？

人们之所以喜欢海鲜，最大的原因是喜欢它的鲜味。这一点，生活在海边的渔民最了解。渔民出海捕鱼一般都是晚出早归，收获的海产品都很新鲜。但是海鲜不能离开水，来到陆地之后，这些生活在海洋中的生灵很快就会变质。

怎么办？渔民想出了一个办法，在捕获没多久的时候，将其晒干，以保留住海产品的鲜味，北海鱿鱼干由此而来。

在渔船返航的时候，渔民们就会简单地处理一下刚刚捕捞上来的鱿鱼。等返回渔村之后，渔民就用竹子将其穿吊起来自然晾晒。因此，北海鱿鱼干被称为穿竹鱿。因为北海鱿鱼本身盐分比较低，所以经过自然加工制作出来的鱿鱼干就有一股独特的鲜香味，是其他地区鱿鱼干不能比拟的。

比恐龙还古老的动物
——中国鲎

中国鲎是一种比恐龙还要古老的动物，又被人称为活化石。

中国鲎不仅仅是历史的见证者，它还具有极高的药用价值。当地人告诉我们，中国鲎全身都是宝。它的肉可以清热解毒，治疗青光眼；壳有活血化瘀的功效，主治跌打损伤、创伤出血；尾巴能够收敛止血，可以用于治疗肺结核、疮疖等疾病。

其中，最珍贵的是它的血液。中国鲎的血细胞冻干品，常用于快速诊断内毒素血症、细菌性脑膜炎、细菌尿等急难病，挽救了很多垂危患者的性命。

然而，这种浑身都是宝的动物却因为过度捕捞而变得越来越少。北海人告诉我们，以前在北部湾沿海随处都能够看到中国鲎，但是现在已经很难遇到成年鲎。幸而，人们现在已经意识到保护中国鲎的重要性，开始限制捕捞成年鲎，并且开始对中国鲎进行人工养殖。"它是我们的守护神，一定要好好保护。"一位渔民对我们说。

像唐朝武士帽子的贝壳——皇冠螺

贝壳是人们喜爱的雕刻素材。在所有贝壳中，有一种贝壳很特别，因为它不需要经过工匠的雕刻，就可以成为居家陈设和把玩的珍品，这就是皇冠螺。

皇冠螺是北海的特产之一，当然，也是北海的一道名菜。不过当人们吃完了贝壳肉之后，觉得将外壳扔掉有点暴殄天物，所以将外壳清理干净，放在家中摆设观赏。

人们可以通过了解它的别称来了解它的模样——唐冠螺。有人说，它的外形像极了唐朝武士的帽子，所以它就有了这个外号。

北海人告诉我们，民间还有这样一个有趣的传说：古代，一位士兵将自己的帽子不小心扔到了海里。恰巧，这顶帽子落在了皇冠螺旁边，皇冠螺越看越喜欢。最后，竟然让自己长成了这副模样。

最能代表北海的传统工艺品——贝雕

出生在海边的北海人，似乎对贝雕有独特的感情。

在孩子们眼中，贝雕是最特别的玩物。一般来说，父母是不准他们碰这些贝雕的。但是孩子们总是压抑不住自己的好奇心，趁父母在卧室看电视时，他们会偷偷地触摸挂在客厅中的贝雕画。此时，他们不由得惊叹：工匠们是如何用平凡无奇的贝壳制造出这么美丽的一幅画的。

胆大的孩子，也会将家中的贝雕带出去，和小伙伴分享。当小伙伴七嘴八舌地告诉他，"我家里也有这样的贝雕"时，他可能会有些挫败，好像自己的珍宝被别人抢去了似的。不过，他没发现，在他叹气的时候，贝雕已经在不知不觉中成了他难以抹去的儿时记忆。

在北海年轻人的眼中，贝雕又成了家乡的代表。在北海，女儿出嫁之时，父母总要送给女儿一幅精美的贝雕画作为嫁妆。

或许父母送的贝雕画算不上贵重，但是当女儿远离父母，甚至远离这个秀美的海滨小城的时候，贝雕画就变得贵重了。她会把贝雕画挂在客厅最显眼的地方——当年她的父母就是这么做的。

　　即使逢年过节就会回去，她还是会有想念家乡的时候。在明月高挂的夜晚，她或许会独坐在客厅中，望一眼父母送给自己的贝雕画，再转头欣赏那一轮皎洁的明月，体会"但愿人长久，千里共婵娟"。

　　在老人眼中，贝雕又成了一种传承千年的文化。老人清楚地记得，在自己小时候，富贵人家所用的台椅、茶几、衣柜、屏风上，都有用珍珠贝壳加工各种花、鸟、人物图案和书法字体。

　　因此，虽然老人也会赶潮流，去公园里跳跳舞，或者练练太极拳，不过在回到家后，看到立在桌子上的贝雕画后，他才会有一种"这才是北海"的感觉。

到博物馆看贝雕

　　来到北海，怎么能错过北海的贝壳博物馆呢？那里藏着龙宫的宝贝。有的贝壳价值连城，有的贝壳闪耀如黄金。

　　交通：此博物馆位于北海市云南北路云藏路，乘坐9路至交通银行站下车即可。

承载人们童年记忆的爆竹烟花

北海制造爆竹、烟花的历史悠久。据记载，200多年前，北海的爆竹和烟花就闻名于世。在对外贸易发达的时候，北海的爆竹和烟花大部分销往美国、荷兰、瑞士等地。这些爆竹烟花不仅仅深受外国人的欢迎，更能让华侨一解乡愁。

北海之所以盛产爆竹烟花，是因为北海人极其喜爱放烟火。据《合浦县志》记载"上元夕（正月十五夜）城内之关帝庙、万灵寺有放火焰之举……观者挤拥"。可见，逢年过节燃放烟花，已经成了北海的一个习俗。

北海人尤其尊重神灵，每逢重要节日的时候，人们总是要进庙宇拜祭神灵。而在庙会中，烟火总是少不了的。烟火冲上天的时候，人们跟着一起欢呼，好像身边的陌生人也成了亲人。刚刚踩自己脚的人，也成了可以一起谈论"我上次看到这么美丽的烟火还是在五年前"的朋友。之后，他们回到家，枕着零零星星的爆竹声入睡。恍惚中，他们好像回到了骑在父亲脖子上逛庙会的年代。

第六章

寻味北海，海洋的味道

　　有人说，来到北海后，人人都可以变成美食家。

　　无论是躺在外沙岛上的躺椅中，迎着海风品尝海洋的滋味；还是坐在糖水店门口的木椅上，一边和朋友聊天一边感受糖水的甜蜜滋味；或是在小巷子中穿行时，无意中遇到卖萝卜糕的小贩，都能让人们在品味这座城市的美味之余，感受当地人悠闲从容的生活态度。

像当地人一样品尝时鲜
沙虫

沙虫又被称为海龙，是渔民眼中的"海错之至美"。不过在餐馆中看到这样一个带"虫"字的菜肴，不少食客还是有顾虑的。因而，当地人给它起了一个更含蓄的名字：沙滩香肠。

若是能克服对沙虫外表的恐惧，人们便可以自在地享用这份美味了。清除了满是沙粒的肠，用清水仔细清洗，再用白水一灼，烹制好的沙虫白白嫩嫩的，入口香脆，还带有它本身的嚼劲，再加上甘甜的汁水，让人回味无穷。

沙虫比较常见的做法是白灼，因其可以最大限度地保留沙虫之鲜。有些渔民也喜欢将其稍微炸一下，不过要注意火候，因为火大了，沙虫就会缩成细小的一条，失去脆爽的口感。炸沙虫是孩子们最喜欢的零食，没有孩子可以抵御从油锅中散发出来的香气。

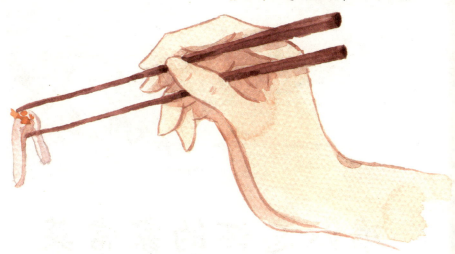

也有用蒜蓉粉丝蒸沙虫的。大蒜本身的香味，再与沙虫肉的清香结合起来，让人食指大动。不过在喜欢喝海鲜酒的人看来，椒盐沙虫最是诱人。在喝酒的时候，吃一口椒盐沙虫，恍然中有种"富贵闲人"的感觉。

至于冬瓜沙虫汤、沙虫煲鸡等，是老人们最喜爱的做法。因为这样做出来的沙虫味道鲜、营养足，不用让退休的牙齿上"战场"，就可以品尝这种难得的美味。

女孩们最喜欢奖赏自己一碗沙虫粥。虽然常常告诫自己要减肥，但是一碗粥并不会让自己的体重有任何变化，而且简单的粥水可以带出沙虫的甘美。

一位渔民告诉我们，在北海，吃沙虫是一种文化，只有发现沙虫的美味，才能更加理解北海这个滨海城市。

难以忘怀的家常菜
——蒜蓉银丝扇贝

对北海人而言，扇贝这种讨人喜欢的小海鲜，和蒜蓉、粉丝混在一起最好不过。北海人的厨房中总少不了一小袋扇贝，这是渔民当天出海的收获，人们似乎还能在这袋扇贝中闻到海洋的气味。

扇贝的壳紧闭着，似乎并不愿意对人"坦诚相见"。但是这可难不倒吃扇贝长大的北海人，他们将扇贝外壳洗刷干净，用小刀沿着扇贝的一侧剖开。将两个壳掰开后，小心地抽出泥肠，再用水清洗内部，洗去杂物。像变魔术般，刚刚还全副武装的扇贝，就将自己的秘密全都"说"了出来。

这时，北海人将早就泡发好的粉丝，以及剁成泥的蒜放在扇贝上，入锅蒸大概五分钟后取出。此时，再浇上刚刚烧制的热油，一碟香气四溢的蒜蓉银丝扇贝就完成了。

蒜蓉银丝扇贝并不算大菜，但是喝一口海鲜酒，再咬一口汁水四溢的扇贝，人们也忘了满汉全席的滋味了。

能够吃到珍珠的人最有福气

北海是有名的珠乡。来到此地，人们总是不会忘记去探访闻名千年的南珠。有的人会给自己买一串珍珠项链，有的人会选择去南珠宫中过过眼瘾。无论如何，北海的珍珠是不会被忘记的。但是，要是有人问你吃过珍珠贝肉没有，你一定会有些迷惑。因为此物量少珍贵，市面上很少有人贩卖。

珍珠贝肉就是孕育珍珠的海贝中的肉，这种贝肉大小如鹅蛋黄，入口极为鲜嫩，是其他贝肉不能比的。

当然，吃珍珠贝肉也别有一番风味。北海人常说，能够吃到珍珠的人最有福气。这是因为，珠民在开贝取珠的时候，也会将少量的珠粒残留在贝肉中。要是食客吃到珠粒，就可以将这些小粒珍珠带走。

有些食客不知就里，一口咬下去，不仅没有感受到珍珠贝肉鲜嫩爽滑的口感，嘴中反而发出"咔嚓咔嚓"的声音。他们以为吃到了沙子，正想找店主理论一番，结果吐出细看，却又转怒为喜了。

吃的就是这份鲜
——北海白灼虾

北海盛产虾，对虾、大明虾、花虾……足足有三十多种之多。北海人也非常会吃虾，他们吃虾时很讲究，一定要吃活虾、天然虾。

为什么呢？北海有句俗语："鱼虾蟹，死了就臭。"活虾才能保持原汁原味，吃起来爽口、脆滑。而在大自然出生、生长的天然虾才会有一种独特的鲜味，一位北海人告诉我们："天然虾和养殖虾，就和山鸡和饲料鸡一样，味道完全不一样，一个天上一个地下。"

因此，北海好像有一个不成文的规矩：人们到了餐馆，总会先到饲养水池边看虾，老板会对你说："我们这里的虾是纯天然的，要是发现是养殖虾，我们可以退你的钱。"挑好虾之后，店员会当着你的面称重，如果不太放心，还可以去厨房看看厨师的烹饪过程。

北海烹饪虾的方法有很多，但是最常见的还是白灼，因为这样才能保留鲜虾甜、嫩的原味。白灼就是将鲜虾放入清水中煮食，不过白灼的时间一定要短，火候一定要猛。出锅后，将虾剥壳蘸酱汁而食，就可以尽情品尝白灼虾的鲜甜滋味了。

软糯可口，回味无穷的猪脚粉

有句话说得好："北方的面，南方的粉。"南方人对粉的热爱显而易见，单说粉的粗细，就有细如雨的米线以及小拇指一般大的粗粉。粉的浇头也多种多样，瘦肉和排骨是常见的，也有人将炒好的辣椒炒肉浇在上面。

然而，当其他省市的南方人来到北海后，依旧会觉得这里的粉很稀奇。因为这里的浇头，竟然是猪脚。

北海的大小餐馆都可以吃到猪脚粉。特别是每天早上，北海的大街小巷都是一股软糯的猪脚味。

在北海，原汁原味的猪脚粉很讲究。要采用精心挑选的猪前蹄，烫剃、过水晾凉；之后再入锅油炸至色泽金黄，表皮酥脆；而后切成块，配以草果、茴香、陈皮、桂皮、丁香等几十种中药熬制。

这样制作出来的猪脚肥而不腻，香气四溢，猪脚汁格外香浓。很多人在吃猪脚粉的时候，喜欢浇上一点猪脚汁，因为它虽然没有肉，却有股淡淡的肉香，让人回味无穷。

软烂鲜香、入味

三分的牛腩粉

北海人对童年的记忆中，总是有一碗牛腩粉。

从小挑食的孩子，让父母操碎了心。每到饭点，他们就满屋子跑，惹得母亲也只能跟在他们的身后跑。直到母亲累了，命令似的对他们说："还不赶快过来。"他们才会磨磨蹭蹭地往餐桌边挪，可是最后吃进肚子里的饭菜还是少得可怜。

但是他们却对牛腩粉情有独钟。每天早晨，他们拉着父母往粉店中钻。来到粉店后，他们变得安静多了，一直黏在做粉的师傅身边。

闻到牛腩粉的香味，他们的肚子就开始叫了。平时吃饭如同吃药的他们，迫不及待地奔向自己的牛腩粉。吃一口与牛骨汤完美结合的沙河粉之后，他们觉得自己的"厌食症"好像被治好了，不由得加快了吃粉的速度。不一会儿，分量十足的牛腩粉就被他们连粉带汤吃得精光，可是这些"小馋猫"还觉得不够，还意犹未尽地舔嘴唇呢。

北海人最喜爱的早餐
——杯仔米乙

米乙是一种用米磨成浆而制成的米糕。最初的时候，人们会在每年的清明节，或者过年的时候，用这种米糕来拜祭祖先。

久而久之，米乙慢慢变成了北海人日常生活中的一道糕点，在菜市场、糕点铺都能找到这种美味。有时候人们会将其称为"米发糕"，但是更多的时候还是会用北海话称呼它：米乙。

米乙是北海人最喜欢的早餐之一。无论是早餐店，还是路边的早餐车，都能看到米乙的身影。

米乙被盛放在一个大杯子中，所以北海米乙又被称为杯仔米乙。白色的杯子中盛放的是咸味的米乙，而浅咖啡色的杯子中盛放的便是甜味的米乙。杯子看上去很大，实际上却不够吃，人们常常在吃完之后，再让老板给自己盛一杯，大有"喝完一杯，再来一杯"的豪气。

让香煎鱿鱼筒的香气在口中蔓延

北海最诱人的就是海鲜。作为我国四大渔场之一，北部湾的海鲜种类齐全，鱼、虾、贝、蟹应有尽有。

北海的海鲜很多，而香煎鱿鱼筒就是不能错过的那一种。这里的鱿鱼指的是小鱿鱼，因其形状呈筒状而得名。或许是因为个头比较小，也有人将其称为鱿鱼童。

香煎鱿鱼筒是北海的特色菜，几乎在每家饭馆都能吃到，不过要是你能认识几个老渔民，那就能吃到更为地道的香煎鱿鱼筒。

先把鱿鱼用油炸过，不过只能用七成的油温。油温太低，鱿鱼会不够脆；而油温太高，鱿鱼就会丧失原有的鲜味。老渔民总是能准确地把握其中的分寸，毕竟，这道菜肴几乎天天在他们家餐桌上出现。炸好了的鱿鱼配上各种调料，再放入嘴中，鱿鱼的鲜香和炸过之后的香气在口中蔓延开来，再挑剔的食客也会倾倒。

品尝最真实的海味
——老虎鱼汤

北海有不少"我很丑，但是我很好吃"的美味，沙虫是，老虎鱼亦是。老虎鱼又被称为魔鬼鱼，因其对生长环境要求极高，所以很少有渔民捕获到。即使一不小心"上了岸"，但是因为有一幅凶恶的长相，所以常常无人问津。

但是经验丰富的渔民却知道它的价值，老虎鱼有极高的药用和滋补价值，而且味道鲜美。大概与《美女与野兽》中的男主角一样，它们虽然顶着一幅让人敬而远之的外表，却拥有一颗温柔的心。

吃老虎鱼最好的烹饪方式就是煲汤。将老虎鱼洗净后慢炖，期间加入生姜、豆腐提味。当老虎鱼的鲜味全都融入鱼汤中的时候，就可以出锅了。奶白色的鱼汤，瞬间勾起食客胃里的馋虫。再喝一口鱼汤，人们马上被这种嫩滑鲜甜的口感吸引住了，不由得竖起大拇指赞道："这才实实在在的海味。"

和热油一起跳舞的椒盐弹虾

皮 皮虾好像有很多种称呼。在福建，人们称之为虾姑。在青岛，这个小家伙被称为虾虎。而在北海，人们更习惯将其称为弹虾。

北海人将皮皮虾称为弹虾是有原因的，这要从当地一道最受欢迎的菜肴——椒盐弹虾讲起。

椒盐弹虾的做法很简单：将洗净的弹虾，用姜末、细盐、米酒腌制半个小时以上。然后将油烧热，把弹虾倒入炸至金黄后捞起。

然而，人们却在炸虾时犯了难。虽然在下锅之前，人们已经用厨房纸将弹虾擦干净，但是虾壳中藏着的水分却擦不掉。于是，弹虾会随着虾壳里的水一起跳起来。不过，与弹虾一起起跳的，还有锅中的热油。

后来，人们想出了一个办法：先用小火将弹虾的水分逼出来，然后下锅炸第二次。这样，香脆可口的椒盐弹虾就不会再跳起来了。

吃梅香鱼一定要有足够的耐心

梅香鱼并不是指某一种鱼的种类。实际上，只要是个头比较大、足够新鲜的鱼，都可以被制成梅香鱼。

之所以将其称为梅香鱼，是因为鱼肉经过腌制后，虽然肉质已经不再结实，但是却独有一种咸香鲜美滋味。

梅香鱼的制作很讲究。首先，原材料一定要足够"大"，那些与手掌一般大的小鱼，是不能被制成梅香鱼的。其次，用盐要狠，这样才能保持鱼本身的鲜味。最后，腌制时间要长。想吃梅香鱼，一定要有耐心，等鱼的表皮上起了一层类似豆腐乳模样的霉菌，才算是到"火候"。

吃梅香鱼实在是不需要什么技巧。一碗白米饭，或者一碗白粥，就能衬托出梅香鱼的香甜滋味了。

需要勇气才能品尝的港鸭仔蛋

港鸭仔蛋算是舶来品。这种菜肴是由越南人发明的，就是把即将孵化出壳的鸭蛋从鸭圈中拿出来，煮熟后加点盐，配以生菜、酱油等配料。一位越南华侨品尝过它的美味之后，立刻爱上了这种鸭蛋，并将其带回自己的家乡——北海。于是，港鸭仔蛋便渐渐在北海流行起来，甚至成了北海的特产之一。

吃港鸭仔蛋也是有学问的。敲开蛋壳后，要先品尝港鸭仔蛋中的精华。虽然汁液有些浑浊，却能美容养颜。至于鸭蛋里的胚胎，则要配上胡椒和紫苏叶等香料吃，这样才能减少腥味。

不得不说，吃港鸭仔蛋是一件需要勇气的事情。不喜欢这种食物的人表示，看到毛骨成形的鸭仔时，他们就不愿意再尝试了。而港鸭仔蛋的爱好者却说，只要鼓足勇气喝上一口蛋汁，就会马上爱上它。

北海人餐桌上的年味
——瓜皮醋

过年的时候，北海人的餐桌上，总是少不了一盘瓜皮醋。

瓜皮醋制作起来并不容易。将老瓜皮洗净后泡上 3 天，加上猪蹄、老姜、红糖熬制，足足熬 6 个小时才能出锅。

这是一道既美容养颜又美味十足的菜肴。在北海，如果家里有坐月子的妇女，一定要熬上一锅瓜皮醋，为这位新晋母亲暖胃补血。然后，人们还会向街坊分发瓜皮醋，意味着将福气分发给大家。久而久之，这道代表幸福的菜肴成了年夜菜中的常客。

孩子们并不明白这道菜肴背后的意义，但是他们个个都是美食家。瓜皮醋软糯甜香，吃一口便唇齿留香，当然是孩子们心中的绝佳美味。然而虽然他们馋得很，却也会跟着父母将瓜皮醋分给邻居。"没事，等会儿他们也会将自家的瓜皮醋送过来的。"孩子在心里想。

长大后，他们也会试着自己做瓜皮醋，但是却发现怎么都比不过母亲做出的味道。"没事，只要大家团聚在一起就可以了。"看到他有些气馁的模样，白发苍苍的母亲坐在摇椅中温柔地安慰道。

红鱼干巴煲猪肉，无盐也无油

春汛时期，将钓上来的新鲜红鱼放在离岸数百米的船甲板上反复翻晒，就能得到鲜香甜美的红鱼干了。

晾晒好之后，北海人便迫不及待地用红鱼干来制作佳肴。与红鱼干有关的菜肴很多，和白粥搭配也好，与辣椒混合在一起也罢，红鱼干的滋味总能让人咽口水。

在这些菜肴之中，红鱼干巴煲猪肉无疑是最受北海人欢迎的。北海人常说："红鱼干巴煲猪肉，无盐也无油。"这是因为红鱼干本身就自带咸味，而肥腻的五花肉更是让这道菜肴散发出淡淡的猪油香气。

将红鱼干切成中段，与五花肉一起加姜酒糖焖制。在等美味出锅的时候，北海人还会倒点海鲜酒出来。人们一边品味海鲜酒，一边闻从厨房中飘散出的红鱼干和猪肉的香气。虽然才刚刚开始喝酒，却有一种喝醉了的感觉。

隐藏在街头巷尾的美食——萝卜糕

很多人都很熟悉萝卜糕，因为这种小吃在广式茶点中经常出现。其实，这种软滑香甜的小吃，也很受北海人的欢迎。

在北海，萝卜糕经常出现在街头巷尾中。有人说，能否吃到萝卜糕是要靠缘分的，因为走街串巷卖萝卜糕的小贩，往往不会长久地待在一个地方。可是一旦出现，这个小贩就会被人"洗劫"。

一位贩卖萝卜糕的小贩告诉我们，这里的人都很照顾他的生意。他中午才出来卖萝卜糕，但是往往没到五点就会卖完收摊了。

大概人们是抱着一种"错过了今天，就不知道在哪天才能见到这个小贩了"的心情，购买萝卜糕。他们总是会提着一大袋子萝卜糕回家，但是也没有人责怪他买太多，因为无论是刚刚换上假牙的老人，还是从幼儿园回来的孩子，都是萝卜糕的忠实支持者。

品味糖水
店中的闲
适和安逸

来到广西，人们时常可以见到在临街的小铺子前面，摆放了一些矮桌矮凳。人们围在木桌前，一边悠闲自在地聊天，一边喝一碗清澈如水一样的"汤"。如果游客凑上去问一问，就能知道，这种汤就是糖水。

　　按照北方人的理解，所谓糖水，就是带有甜味的水，然而北海的糖水却有许多花样。随便走进一家糖水店，看见菜单中种类繁多的糖水，人们都会犯难：圆肉鸡蛋糖水、马蹄水、元肉水……到底喝哪一种才好呢？其实，不用左挑右捡，也不用特意去出名的糖水店，随便哪一种口味都很好。

　　盛夏时节，糖水店前的木椅上总是坐满了人。糖水价格低廉，又清凉解渴，怎么会不受到人们的喜爱呢？

　　当然，你也可以选择将糖水打包带走。但是北海人很少这么做，他们更喜欢围坐在木桌前，与认识的、不认识的人闲聊，喝进嘴里的仿佛不是糖水，而是满满的闲适和安逸。

鸡饭大排档中的市井生活气息

鸡饭，就是取出鸡的脂肪，加点盐与大米一起蒸煮。这样制作出来的米饭，虽然不见鸡肉，但是每一粒米饭都散发着鸡肉的鲜美。

北海的大街小巷，有很多鸡饭大排档。当然，人们来到这里，不单是品味鲜香的鸡饭的，鸡血、鸡爪、鸡腿都是他们餐桌上的美味。

下班或者放学后，北海人常会相约在鸡饭大排档前。这些鸡饭店大多数没有华丽的装修，也没有炫目的宣传语，但是只要看见悬挂在橱窗中的白斩鸡，人们就控制不住往鸡饭店里迈的步子。

与好友围坐一起，点上一盘白斩鸡，来几碗鸡饭，再加上几瓶啤酒，人们开始分享自己的喜悲。谈论的话题也是天南地北的，或是"我新交了一个男朋友""我准备过几天去涠洲岛游玩"，又或是"昨天打游戏又输了""手办的价格又涨了"。说着说着，那些让自己喜悦和烦恼的事情好像都消失了，口中只有鸡饭的滋味，眼里只有面前的朋友，感受到的也只有幸福而已。